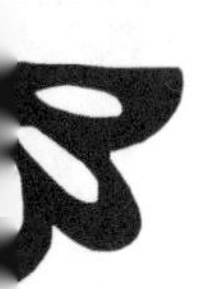

Bienvenue

Bienvenue sur le livre intitulé Le manuel de lettrage à la main pour les débutants, futur lettreur! Vous vous posez certainement beaucoup de questions sur l'art du lettrage à la main. « Comment puis-je commencer ? » « De quels outils ai-je besoin ? » « Mais qu'est-ce qu'une ligne de base ? » Ne vous inquiétez pas ! Ce livre est là pour répondre à toutes les questions que vous vous posez. Vous trouverez de nombreux exercices dans ce livre, ainsi qu'un lien pour télécharger des pages d'exercices supplémentaires.

Vous vous demandez peut-être ce qu'est le lettrage à la main, et la réponse est simple. Le lettrage à la main est, en termes simples, l'art de dessiner des lettres. Le lettrage à la main est utilisé pour les enseignes de magasins, les invitations de fêtes, les cartes de vœux et les menus de banquets. Il s'agit d'une compétence incroyablement polyvalente et amusante, qui plus est !

Il existe plusieurs variétés de cet art, et de nombreux styles différents, dont la calligraphie, la monoligne, le brush lettering, pour n'en citer que quelques-uns ! Nous allons entrer dans les détails de tous ces styles dans quelques pages.

Le lettrage à la main peut sembler intimidant, avec tous ces termes, techniques et styles, mais, avec suffisamment de pratique, tout le monde peut maîtriser cet art. Que votre écriture naturelle soit excellente ou non, vous retirerez quelque chose de ce livre et apprendrez une nouvelle compétence. Ce livre est là pour vous aider à vous engager sur cette voie !

COMMENÇONS NOTRE VOYAGE DANS LE MONDE DU LETTRAGE À LA MAIN!

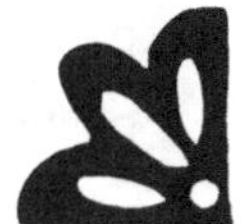

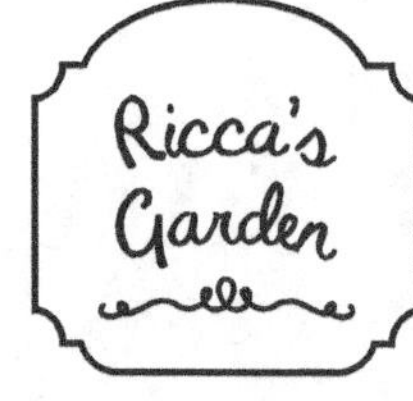

ricca_garden

info@riccagarden.com

Publié et conçu à Brisbane, Australie

Première impression : Janvier 2022

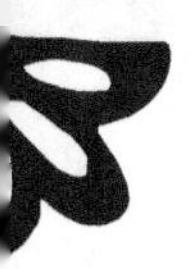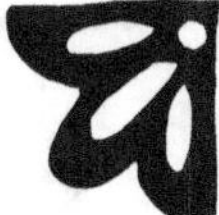

Cadeaux gratuits !

Vous avez besoin de pages d'entraînement supplémentaires? Eh bien, vous avez de la chance! Puisque vous avez acheté ce livre, vous pouvez obtenir un lien pour télécharger des pages d'exercices supplémentaires, du papier ligné et d'autres articles de lettrage pour votre voyage de lettrage à la main! Il vous suffit de scanner le code QR ci-dessous ou de taper riccagarden.com/lettering_workbook dans votre navigateur Web. Ensuite, indiquez votre adresse électronique et vous recevrez un lien vers des pages d'exercices supplémentaires!

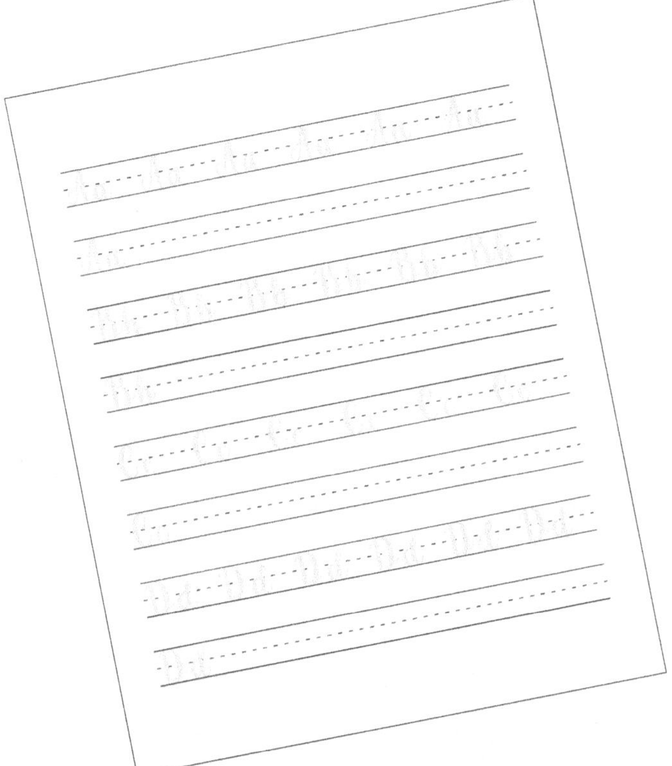

Scanner ici

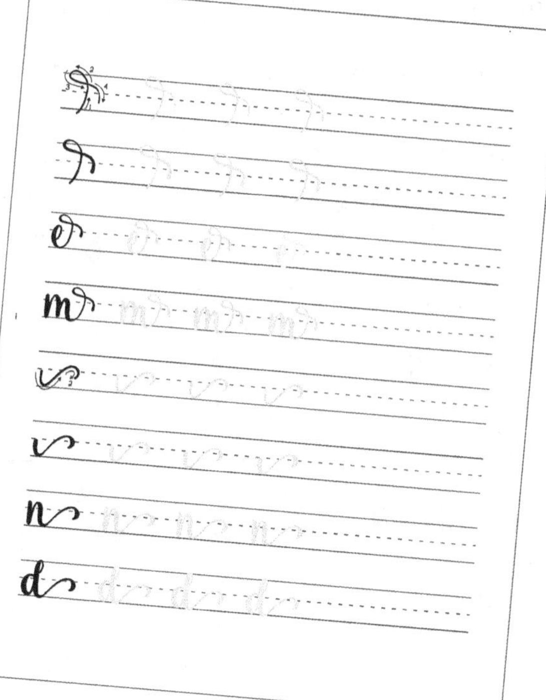

Bonne pratique !

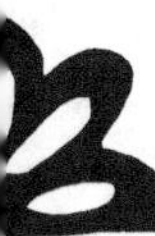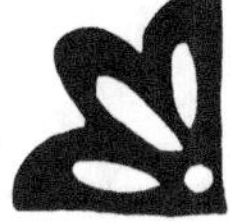

TABLE DES MATIÈRES

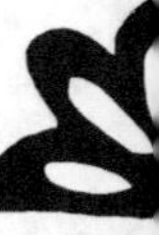

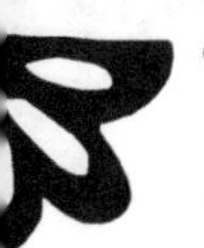

Tout ce que vous devez savoir pour commencer

Avant d'entrer dans le vif du sujet, nous devons d'abord clarifier quelques points. Vous vous souvenez des questions que vous vous posez ? C'est le bon moment pour les poser. Préparez-vous, il y a beaucoup de choses à voir ! Mais ne vous laissez pas submerger. Vous pouvez toujours vous référer à ces pages lorsque vous avez une question.

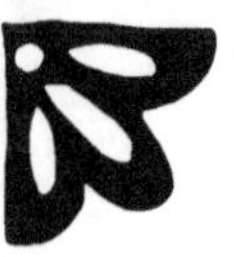

Différences entre le lettrage à la main et la calligraphie

Lorsque vous débutez, vous vous demandez peut-être s'il y a vraiment une différence entre le lettrage à la main et la calligraphie. La plupart du temps, ces termes sont utilisés de manière interchangeable alors qu'ils ne le sont pas réellement, il existe bel et bien une différence !

Lettrage à la main

Le lettrage à la main est une forme de lettrage dans laquelle les lettres sont dessinées plutôt qu'écrites. Elle est plus facile à apprendre et à personnaliser, car vous pouvez ajuster le style. Contrairement à la calligraphie, les règles du lettrage à la main sont beaucoup plus souples et offrent une grande liberté de création. De nombreux outils peuvent être utilisés pour le lettrage à la main.

Calligraphie moderne

La calligraphie traditionnelle a évolué et la calligraphie moderne est apparue. Dans la calligraphie moderne, les règles sont moins strictes, et il n'est pas nécessaire de suivre des traits spécifiques pour former une lettre. Les couleurs sont généralement plus vives et le style dans son ensemble est plus adaptable aux goûts individuels de l'artiste. Malgré son nom, le brush lettering est, en fait, une forme de calligraphie moderne car elle est écrite plutôt que dessinée.

Calligraphie

En revanche, la calligraphie est l'art de l'écriture. La calligraphie traditionnelle est un art à part entière. Alors que le lettrage à la main peut être réalisé avec n'importe quel support, en utilisant n'importe quel style ou technique, la calligraphie traditionnelle est beaucoup plus spécifique. Elle utilise exclusivement un stylo de trempage, dont l'extrémité est munie d'un embout métallique que l'on trempe dans un récipient rempli d'encre, appelé encrier. Les règles et directives sont plus strictes en calligraphie, et les lettres sont un peu plus difficiles à apprendre.

Parmi les exemples de styles de calligraphie traditionnelle, citons la calligraphie copperplate, la calligraphie spencérienne et la calligraphie romaine. La calligraphie traditionnelle ne sera pas abordée dans ce livre, mais il s'agit d'un art magnifique et d'une excellente étape suivante une fois que vous aurez maîtrisé l'art du lettrage à la main !

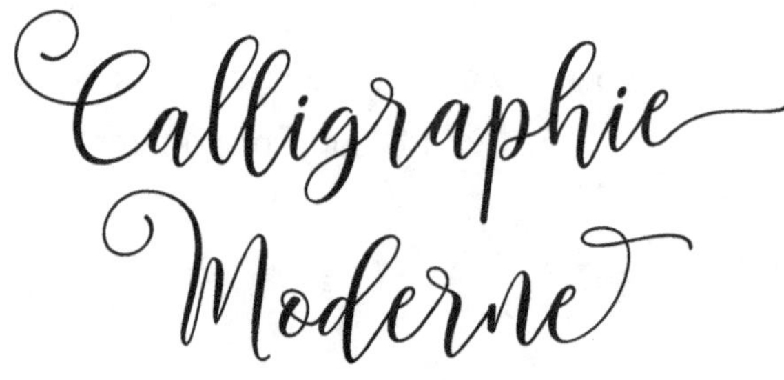

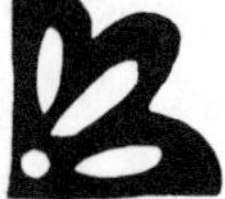

INTRODUCTION AUX TECHNIQUES ET AUX STYLES

Il existe de nombreuses techniques et styles de lettrage à la main. La beauté de cet art réside dans le fait que rien n'est impossible ! Vous pouvez utiliser ce que vous voulez, comme vous le voulez – mais il existe des bases faciles à utiliser pour commencer et à développer. Il ne s'agit que d'un aperçu initial ; toutes les techniques et tous les styles mentionnés seront enseignés avec plus de détails plus loin dans le livre !

MONOLIGNE

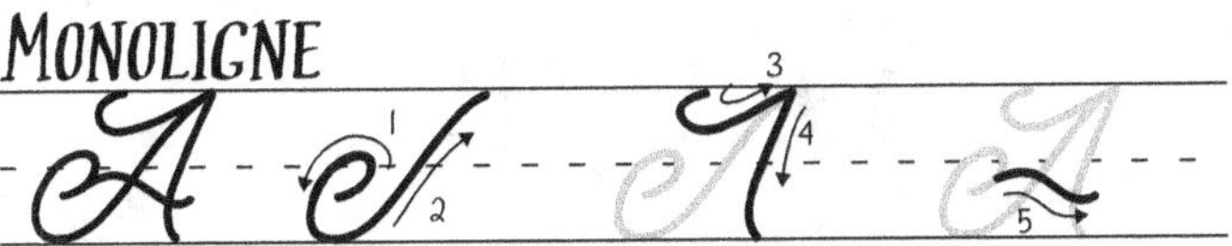

La monoligne est uniforme de bout en bout ; toutes les lignes ont le même degré d'épaisseur. Elle ne nécessite pas beaucoup d'outils. Elle est généralement utilisée lorsqu'un grand nombre d'autres éléments artistiques entrent en jeu, ou lorsque le lettreur recherche quelque chose de minimaliste.

BRUSH LETTERING

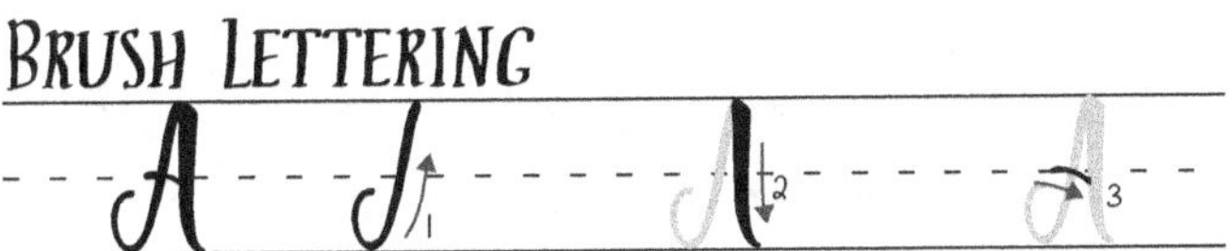

Le brush lettering est l'une des techniques les plus difficiles, mais elle en vaut vraiment la peine. Le brush lettering utilise un outil spécifique appelé feutre pinceau. Le stylo se plie et se courbe, de sorte que, moins vous exercez de pression sur lui, plus le trait est fin. À l'inverse, plus la pression est forte, plus le trait est épais.

FAUSSE CALLIGRAPHIE

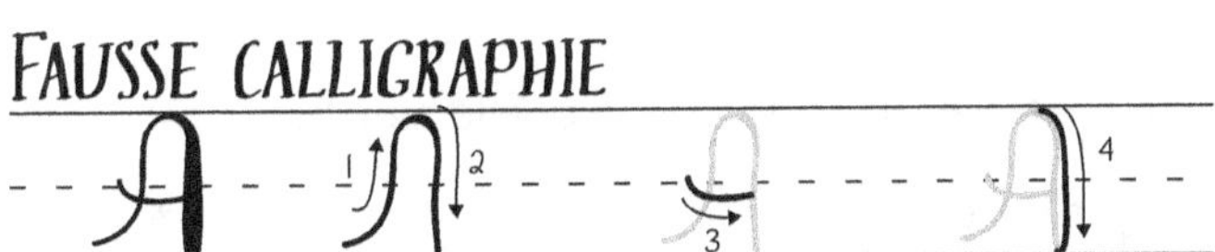

La fausse calligraphie s'inspire à la fois de la monoligne et du brush lettering. La fausse calligraphie imite essentiellement l'aspect du brush lettering en écrivant dans un style monoligne et en revenant sur le bas des lettres pour donner du poids aux lignes. La fausse calligraphie a l'apparence du brush lettering, mais la technique est beaucoup plus facile à maîtriser.

SÉRIF

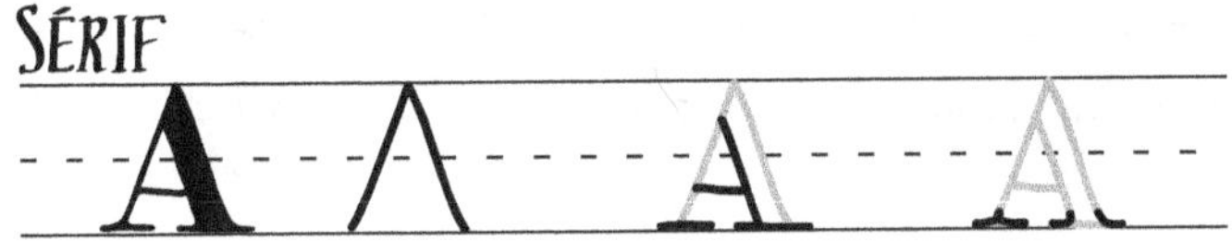

Serif est un style de lettrage à la main qui ajoute un peu de style ! Essentiellement, pour créer un style avec sérif, vous ajoutez des traits décoratifs qui se prolongent à partir de la lettre. Cela ajoute une certaine variété et permet une interprétation créative.

SANS-SÉRIF

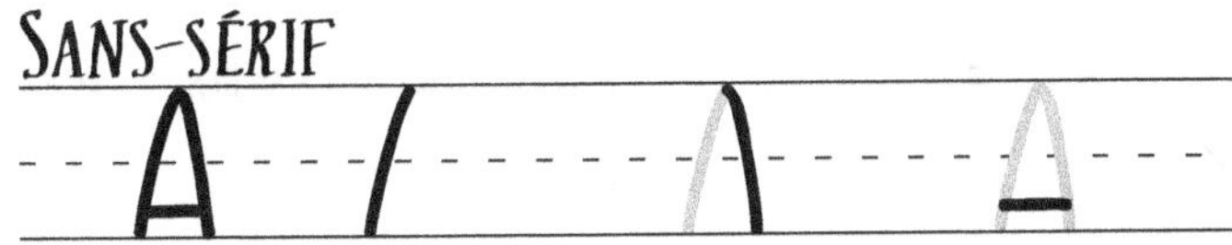

Le sans-sérif, comme son nom l'indique, est un style de lettrage qui ne comporte pas d'éléments supplémentaires en fin de trait. Il s'agit généralement d'un style simple et gras, offrant un aspect jeune et moderne.

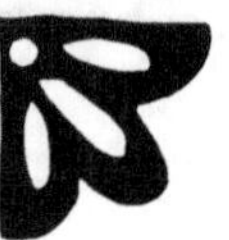

Terminologie

Toute cette terminologie peut sembler incroyablement déroutante si vous ne savez pas de quoi vous parlez, mais, heureusement, c'est pour cela que ce livre est là ! Gardez un signet ici afin de pouvoir vous référer rapidement à cette section si nécessaire.

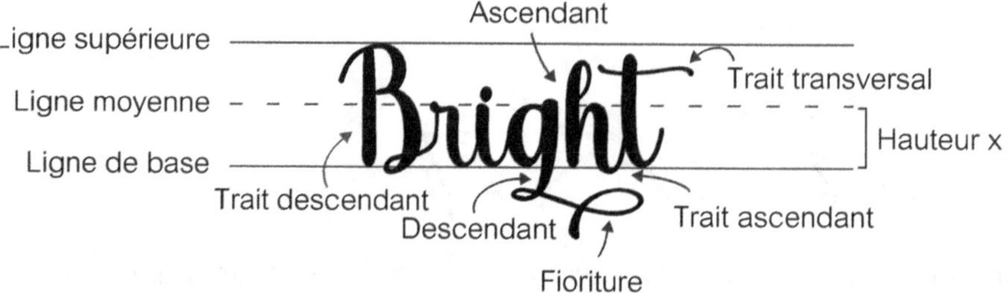

Dans le lettrage à la main, il y a quelques lignes de base qui entrent en jeu. Elles permettent de garder vos lettres cohérentes et au bon endroit. Pensez aux lignes que vous avez utilisées si vous avez appris l'écriture cursive à l'école, elles sont similaires à celles-ci.

Ligne de base: c'est la ligne sur laquelle reposent toutes vos lettres. Cette ligne les maintient toutes en place, de sorte que vous n'avez pas un mot qui se glisse lentement vers le bas du papier.

Ligne moyenne: c'est la ligne moyenne. C'est généralement là que se trouve le haut de vos lettres minuscules. Les minuscules restent donc entre la ligne de base et la ligne moyenne.

Hauteur x: c'est la hauteur de la lettre x en minuscule. Elle est utilisée pour désigner la distance entre la ligne de base et la ligne moyenne.

Ligne supérieure: la ligne supérieure est la ligne qui marque le haut des lettres majuscules.

Au-delà des définitions de lignes, il existe des termes qui font référence à des parties spécifiques d'une lettre ou à des traits de stylo.

Ascendant: un ascendant est toute partie d'une lettre qui dépasse la ligne moyenne.

Descendant: un descendant est toute partie d'une lettre qui dépasse la ligne de base.

Trait descendant: le trait descendant est un mouvement du stylo. Chaque fois que le stylo écrit dans un mouvement vers le bas, on parle d'un trait descendant. Le trait descendant est presque toujours épais, à l'exception du lettrage à la main de type monoligne.

Trait ascendant: un autre mouvement du stylo, le trait ascendant, est essentiellement l'opposé du trait descendant. On parle de trait ascendant chaque fois que le stylo écrit dans un mouvement vers le haut. Les traits ascendants sont toujours fins.

Trait transversal: le trait transversal est le trait horizontal utilisé pour relier ou compléter les lettres. La barre transversale du t en est un exemple.

Fioriture: la fioriture est un trait de lettrage très populaire. Il s'agit essentiellement d'un terme générique désignant l'embellissement ou la décoration d'une lettre. Tous les traits de crayon supplémentaires et les tourbillons que l'on peut voir dans le lettrage à la main sont des fioritures. Les tourbillons de la lettre g sont un exemple de fioriture.

Outils

Il n'y a à priori pas de limites au nombre d'outils que vous pouvez utiliser pour écrire à la main. Vous pouvez utiliser pratiquement n'importe quoi, mais il y a des outils qui fonctionnent mieux que d'autres. Vous n'avez pas besoin d'outils sophistiqués ou onéreux pour apprendre ; un crayon, des marqueurs et une feuille de papier suffisent amplement !

CRAYONS: les crayons sont un bon outil d'esquisse et un bon moyen d'ajouter des lignes pour guider les lettres. Ils sont parfaits pour noter des idées avant de les rendre permanentes. Les crayons sont parfaits pour les débutants !

STYLOS: il existe de nombreux types de stylos différents. Leur principale qualité est donc leur diversité. Les stylos sont parfaits pour tout lettrage à main et particulièrement utiles pour les débutants. Les stylos Micron sont parmi les meilleurs pour le lettrage à la main, tout comme les stylos gel.

MARQUEURS: les marqueurs sont un autre élément essentiel du lettrage à la main, encore une fois en raison de leur diversité. L'utilisation de marqueurs de couleur permet de rehausser instantanément un mot écrit. Ils sont parfaits pour le lettrage à main levée et pour les débutants. Les marqueurs Crayola sont bon marché, de bonne qualité et constituent une excellente option de lettrage.

FEUTRE PINCEAU: les feutres pinceaux sont spécialement conçus pour le brush lettering en raison de leur structure flexible. Les feutres pinceaux Tombow Fudenosuke sont une excellente option.

AQUARELLES: il existe plusieurs formes d'aquarelles à utiliser, comme une palette d'aquarelle ou des stylos d'aquarelle. Elles conviennent bien pour les projets de lettrage à la main de plus grande envergure où les lignes sont plus épaisses ou pour ajouter des décorations et des arrière-plans.

CRAIES: les craies sont le plus souvent utilisées pour créer des enseignes pour une entreprise ou une occasion spéciale. Elles sont surtout utilisées sur des tableaux noirs, bien que l'expérimentation de la craie sur du papier puisse être un projet amusant !

STYLO DE TREMPAGE ET ENCRIER: c'est ce que vous utilisez pour la vraie calligraphie. Ils sont un peu plus avancés, et ne sont pas les meilleurs pour un débutant. Le stylo a une plume en métal avec des capillaires qui aspirent l'encre lorsqu'elle est plongée dans l'encrier.

PAPIER: le papier que vous utilisez doit être lisse afin de ne pas endommager votre feutre pinceau. Parmi les meilleures options, citons le papier HP Premium 32, le bloc Rhodia ou le bloc Canson XL Marker. Le papier calque est également un outil utile à avoir sous la main, pour tracer des dessins ou des lettres afin de s'entraîner davantage, ou pour transférer des dessins.

RÈGLE: une règle est un excellent outil pour que tout soit cohérent ! Utilisez-la pour tracer des lignes directrices au crayon et effacez-les une fois le lettrage à la main terminé.

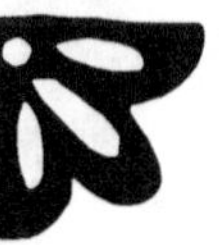

Tableau de référence des outils

Si vous avez besoin de savoir quels outils sont les meilleurs pour un style ou un niveau de compétence spécifique, le tableau ci-dessous est un guide utile !

Outil	Niveau de compétence	Quand l'utiliser	Niveau de dégâts	Temps d'apprentissage
Crayons	Débutant	À utiliser pour le traçage, l'esquisse, les premiers jets, peuvent également être utilisés pour pratiquer la fausse calligraphie.	Un minimum de dégâts, facile de corriger les erreurs avec une gomme.	Nécessitent peu de temps d'apprentissage, faciles à prendre en main.
Stylos	Débutant	Utilisation pour le lettrage à la monoligne et la fausse calligraphie.	Minime mais peuvent être salissants si vous avez un stylo qui accumule l'encre autour de la pointe de lettrage. Essayez de choisir un stylo dont l'encre sèche rapidement pour éviter les bavures et les taches.	Nécessitent peu de temps d'apprentissage, faciles à prendre en main.
Marqueurs	Débutant à intermédiaire	Utilisation pour le lettrage à la monoligne, la fausse calligraphie, les ajouts décoratifs.	Peuvent être assez salissants, surtout si vous utilisez des marqueurs à base d'alcool comme les Sharpie et les marqueurs Copic. Ce sont des outils formidables, mais ils ont tendance à déborder sur la page.	Requièrent un temps d'apprentissage faible à modéré, en fonction du style que vous souhaitez obtenir. Vous devrez choisir vos marqueurs avec soin si vous cherchez à obtenir de petites lignes nettes.
Feutres pinceaux	Modéré à difficile	Utilisation pour le brush lettering.	Propres et précis, mais les erreurs ne sont pas faciles à couvrir.	Il y a une phase d'apprentissage pour contrôler le toucher de la ligne, ce qui peut nécessiter beaucoup de pratique.
Aquarelles	Difficile	Utilisation pour tous les styles, ajouts décoratifs.	Très désordonnés, mais les erreurs peuvent être couvertes.	Nécessitent beaucoup de temps d'apprentissage, beaucoup de pratique.
Craies	Débutant à modéré	Utilisation pour le lettrage à la monoligne et la fausse calligraphie, généralement pour la réalisation d'enseignes.	Les résidus de craie et la poussière peuvent être salissants, mais les erreurs peuvent être facilement effacées avec une serviette humide ou un coton-tige.	Requièrent un temps d'apprentissage faible à modéré.
Stylos de trempage	Difficile	Utilisation pour la calligraphie.	L'encre libre rend cet outil très désordonné, les erreurs ne peuvent pas être couvertes.	Nécessitent beaucoup de temps d'apprentissage, très difficiles à maîtriser.

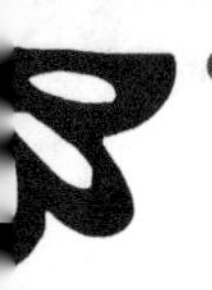

POSITION & POSTURE

Vous pensez peut-être que le lettrage à la main est un bon passe-temps à pratiquer sur le canapé. Si c'est le cas, détrompez-vous ! Votre posture, votre position, la façon dont vous tenez votre stylo, l'endroit où se trouve votre bras – tous ces éléments jouent un rôle important dans votre écriture.

Tout d'abord, le lettrage à la main se fait de préférence à un bureau. Commencez par vous asseoir bien droit sur votre chaise, les deux pieds à plat sur le sol. Il ne s'agit pas d'être droit et raide, mais il faut garder à l'esprit une bonne posture. Gardez les épaules en arrière et la tête haute. Une bonne règle de base est de se pencher sans se courber.

Maintenant, pour la prise en main : tenez votre outil entre votre pouce et votre index, en le faisant reposer sur votre majeur. Assurez-vous que vous tenez votre stylo à un angle de 45 degrés par rapport à la page. Votre prise en main doit être assez souple. N'oubliez pas que vos doigts ne font que soutenir l'instrument de lettrage et le maintenir stable ; votre bras fait le gros du travail. Gardez à l'esprit que la poigne peut différer selon les outils et les personnes, et que vous aurez peut-être besoin de l'ajuster, mais c'est un bon point de départ !

CONSEILS À RETENIR

1. RALENTISSEZ !

Il est important de prendre son temps lorsque l'on fait du lettrage. Il est essentiel d'aller lentement pour obtenir des lignes nettes et cohérentes. Positionnez-vous de manière confortable et soyez patient.

2. PRENEZ VOTRE STYLO

Il est important de se rappeler que le stylo ne doit pas couler tout au long du mot, comme c'est le cas en écriture cursive. Après chaque trait, qu'il soit ascendant ou descendant, vous devez reprendre votre stylo. Cela permet à chaque ligne d'être la plus belle possible, ce qui rehausse l'aspect de votre mot entier.

3. ESPACEZ

L'espacement est très important dans le lettrage à la main. L'espace entre chaque lettre doit être constant pour que les choses aient l'air propres et nettes. Vous pouvez utiliser une règle pour créer des lignes directrices et vous assurer que les lettres sont uniformes. Lorsque vous aurez acquis des compétences, vous pourrez également expérimenter avec l'espacement !

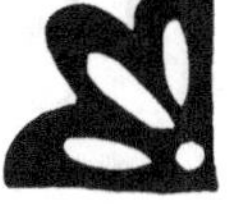

4. Le lettrage à la main de gaucher

Il existe plusieurs façons de faciliter le lettrage à la main des gauchers. Tout d'abord, trouvez une prise en main qui vous convient. Essayez différentes manières de tenir vos outils jusqu'à ce que vous trouviez celle qui est confortable et fonctionnelle. Une autre astuce consiste à placer du papier calque sous votre main pendant que vous écrivez pour éviter les bavures. Vous pouvez également prendre le temps de laisser l'encre sécher entre chaque lettre. Certains stylos et marqueurs sèchent plus vite que d'autres, alors expérimentez avec différents outils pour trouver ce qui fonctionne le mieux. Un dernier conseil : expérimentez avec le placement de votre papier ! Il n'y a aucune règle qui vous oblige à écrire avec le papier placé d'une certaine façon. Il est peut-être plus facile pour vous de faire pivoter votre papier, alors allez-y !

5. Développez votre style

La plupart des gens ont leur propre style de lettrage, avec des tonnes de variation. La meilleure façon de développer votre propre style est d'abord d'apprendre les bases. Assurez-vous de pouvoir écrire dans le style de base avant de passer à autre chose, puis expérimentez ! Vous pouvez essayer d'ajouter votre propre signature, d'incliner vos lettres différemment, d'écrire une lettre d'une nouvelle manière, d'utiliser de nouveaux outils pour obtenir des poids de trait uniques – la liste est infinie ! Continuez à essayer de nouvelles choses jusqu'à ce que vous trouviez quelque chose que vous aimez vraiment, puis commencez à le faire chaque fois que vous écrivez des lettres ! Très vite, vous aurez votre propre style.

6. Patience et persévérance

Soyez gentil avec vous-même! Cela va prendre du temps et de la pratique. Ne vous découragez pas parce que votre travail n'est pas parfait au premier essai, ni au deuxième, ni au dixième. Un bon moyen de ne pas vous frustrer est de conserver toutes vos feuilles d'exercice. Lorsque vous vous y êtes mis depuis un certain temps, sortez les feuilles d'exercice que vous avez utilisées la première fois que vous avez fait du lettrage. Comparer votre point de départ et votre point d'arrivée est très utile et encourageant ! Et surtout, n'abandonnez pas !

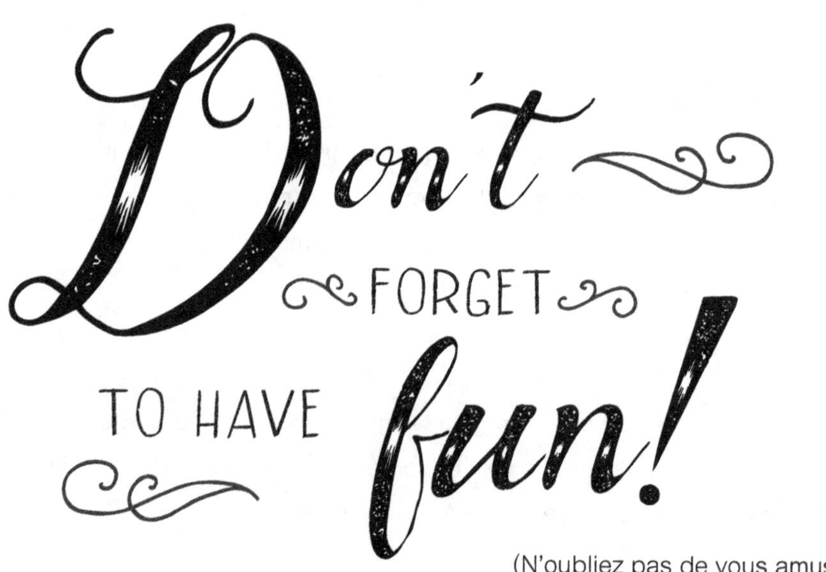

(N'oubliez pas de vous amuser !)

Monoligne

La monoligne est l'un des styles de lettrage les plus simples. Elle est tracée en une ligne constante sans variation de poids. Associée à des styles plus audacieux, elle est couramment utilisée sur les panneaux, les logos et autres articles publicitaires. Les lignes étant si simples, d'autres embellissements sont souvent utilisés pour ajouter des détails intéressants. Le lettrage monoligne constitue également une bonne base pour l'apprentissage des autres styles de lettrage, alors assurez-vous de maîtriser ce style avant de passer à autre chose !

Le meilleur outil à utiliser pour le lettrage monoligne est un outil de dessin rigide qui permet d'obtenir une ligne cohérente. Les stylos, les crayons et les marqueurs rigides sont les outils idéaux.

Aa Bb Cc Dd Ee Ff
Gg Hh Ii Jj Kk Ll
Mm Nn Oo Pp Qq Rr
Ss Tt Uu Vv Ww Xx
Yy Zz

Pour commencer à apprendre la monoligne, il suffit de tracer sur les pages d'entraînement, en suivant le sens des flèches. Vous pouvez expérimenter avec n'importe quel outil rigide, en essayant le poids de ligne que vous souhaitez. Le plus important est d'obtenir une ligne uniforme. Après chaque trait, reprenez votre outil et commencez la nouvelle ligne là où la précédente s'est terminée – et surtout, prenez votre temps !

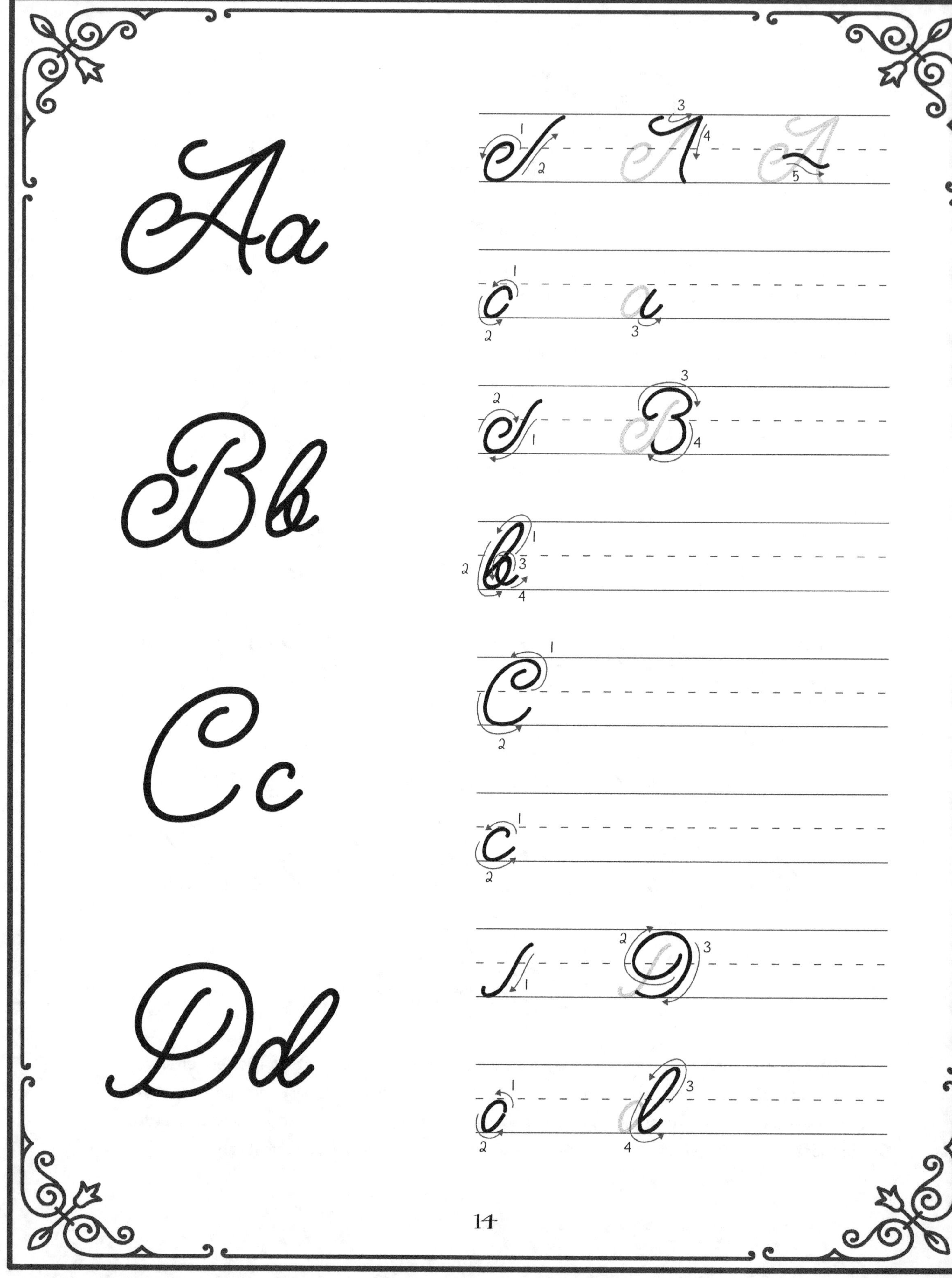

Aa
Bb
Cc
Dd

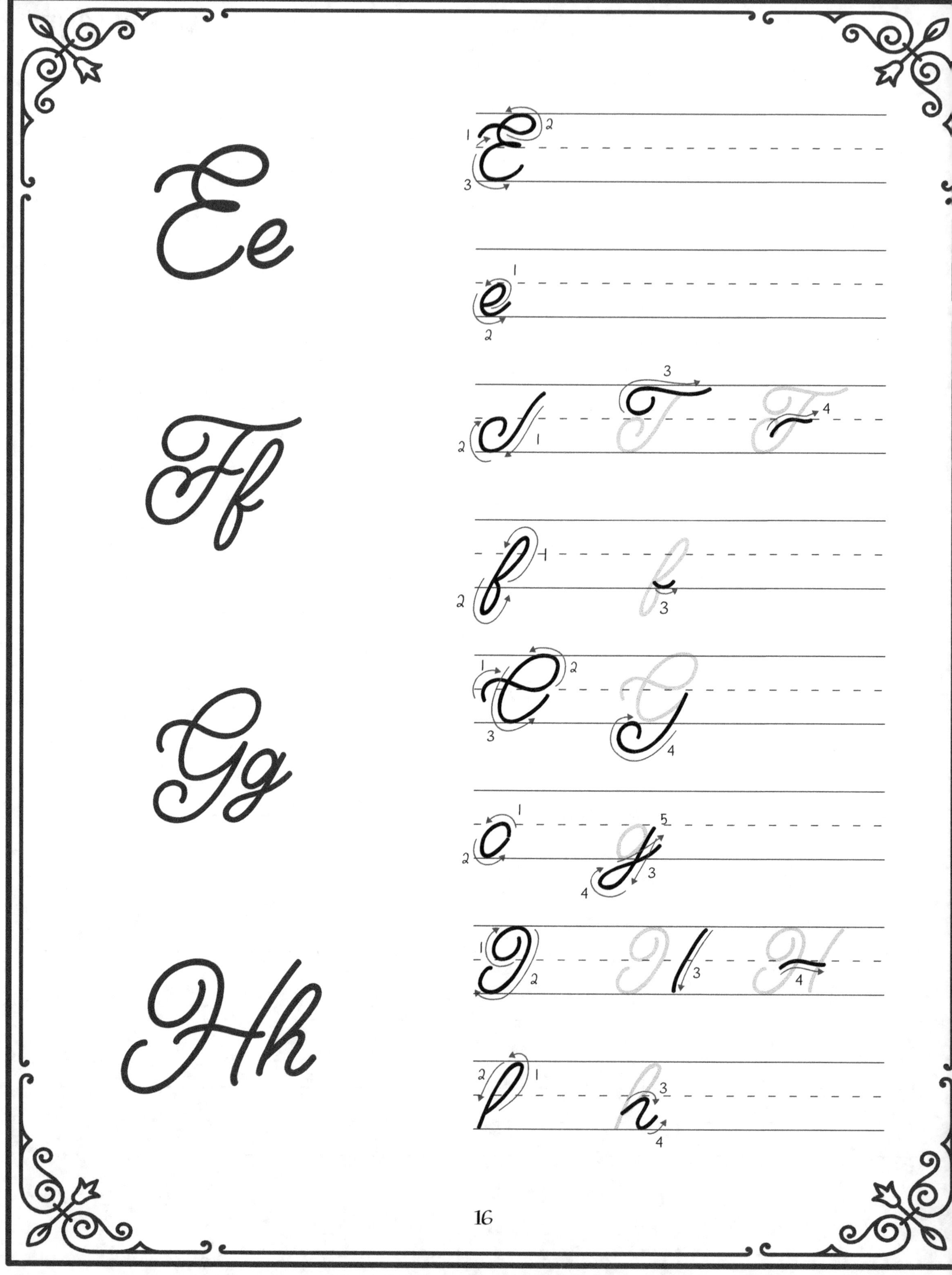

Ee
Ff
Gg
Hh

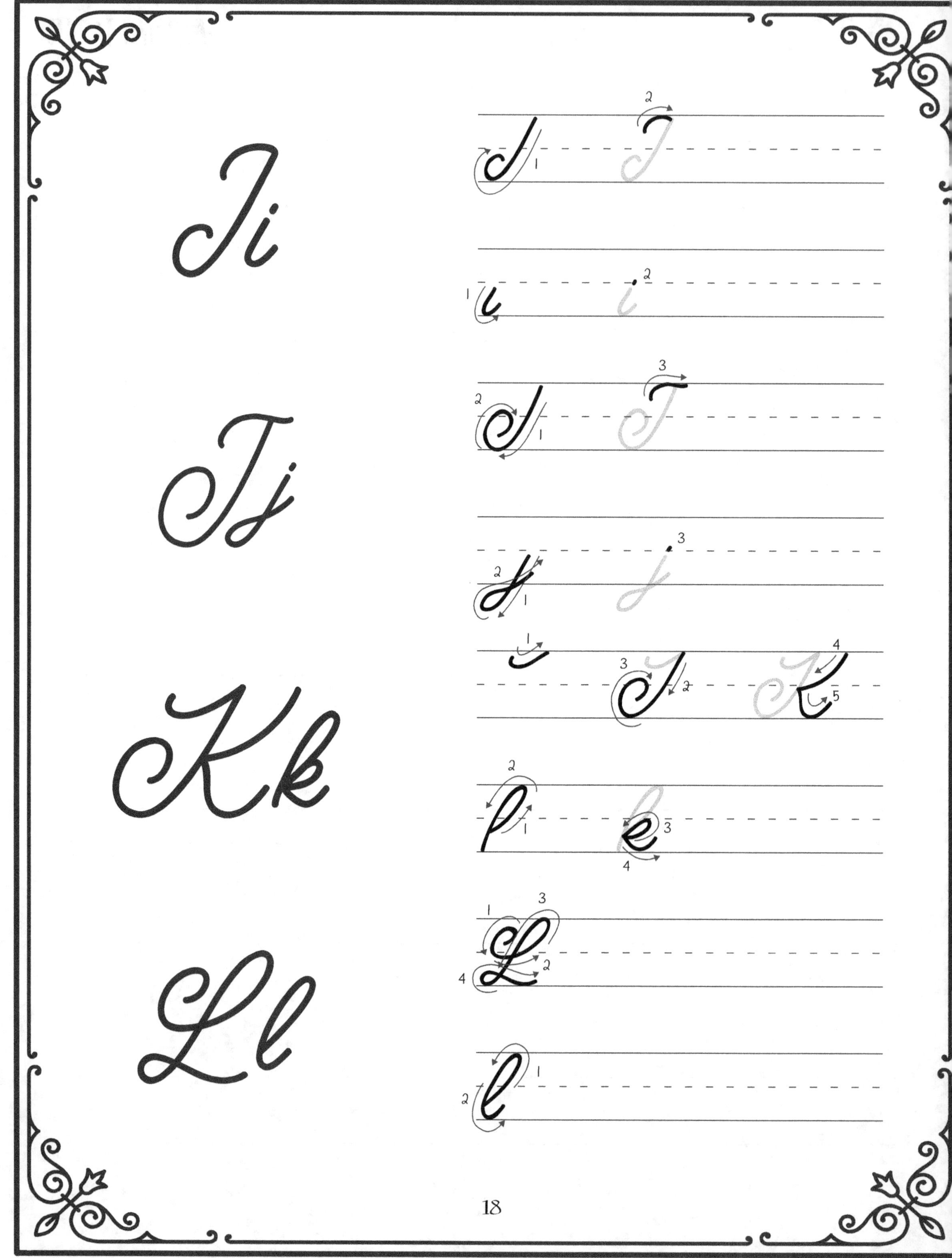

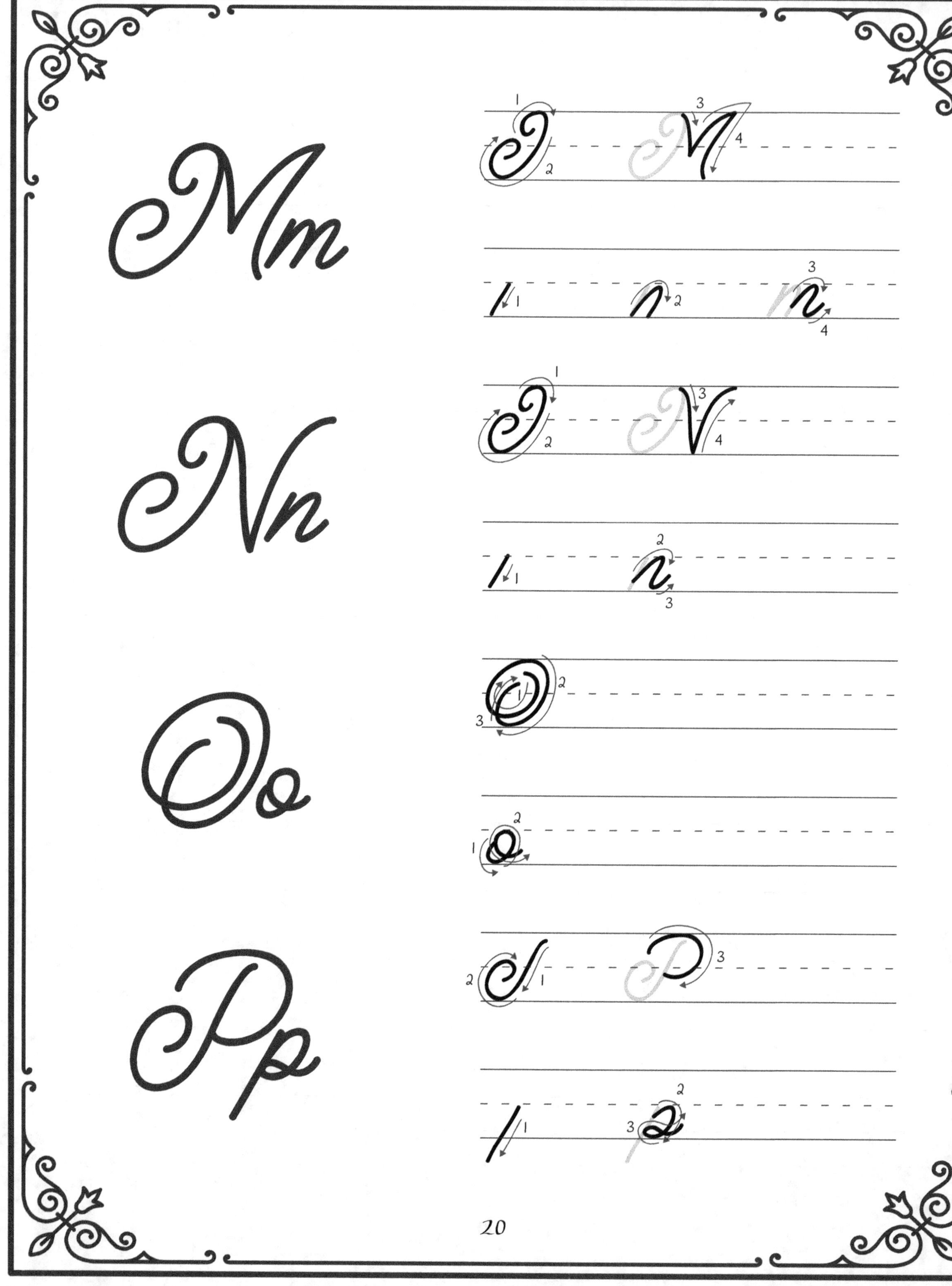

Mm
Nn
Oo
Pp

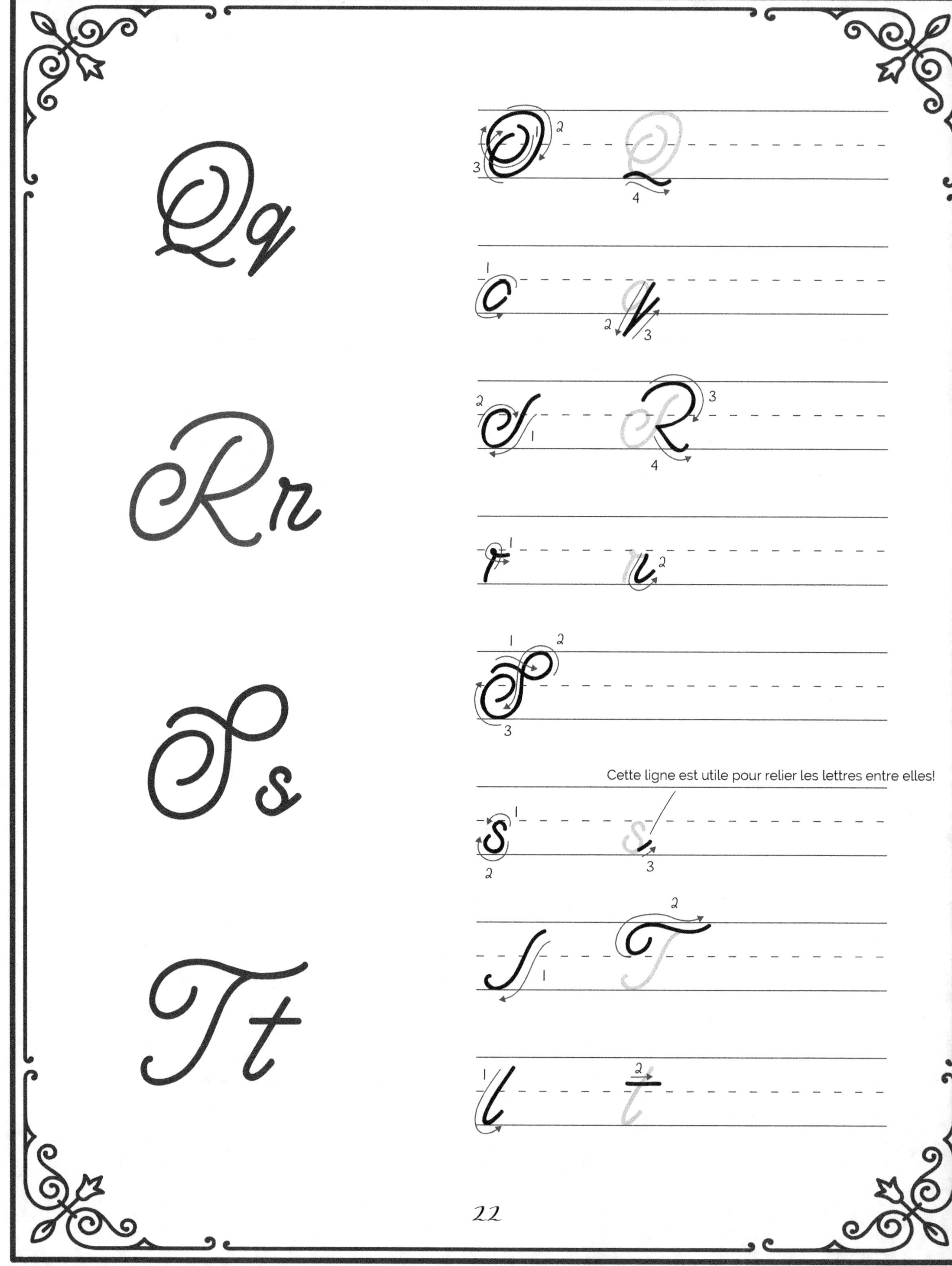
Cette ligne est utile pour relier les lettres entre elles!

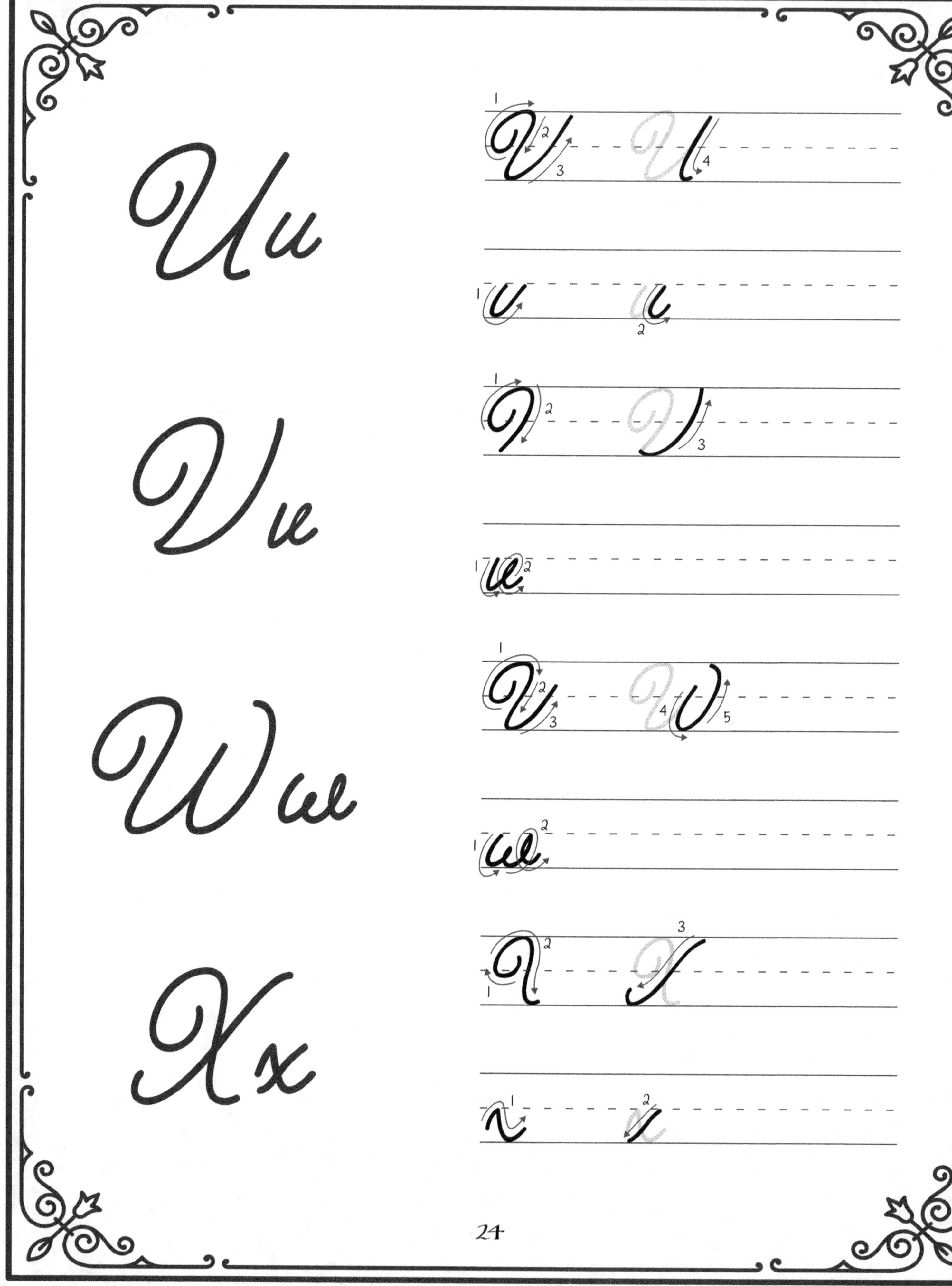

Uu Uu Uu Uu Uu Uu

Uu

Vu Vu Vu Vu Vu Vu

Vu

Ww Ww Ww Ww Ww

Ww

Xx Xx Xx Xx Xx Xx

Xx

Yy

Zz

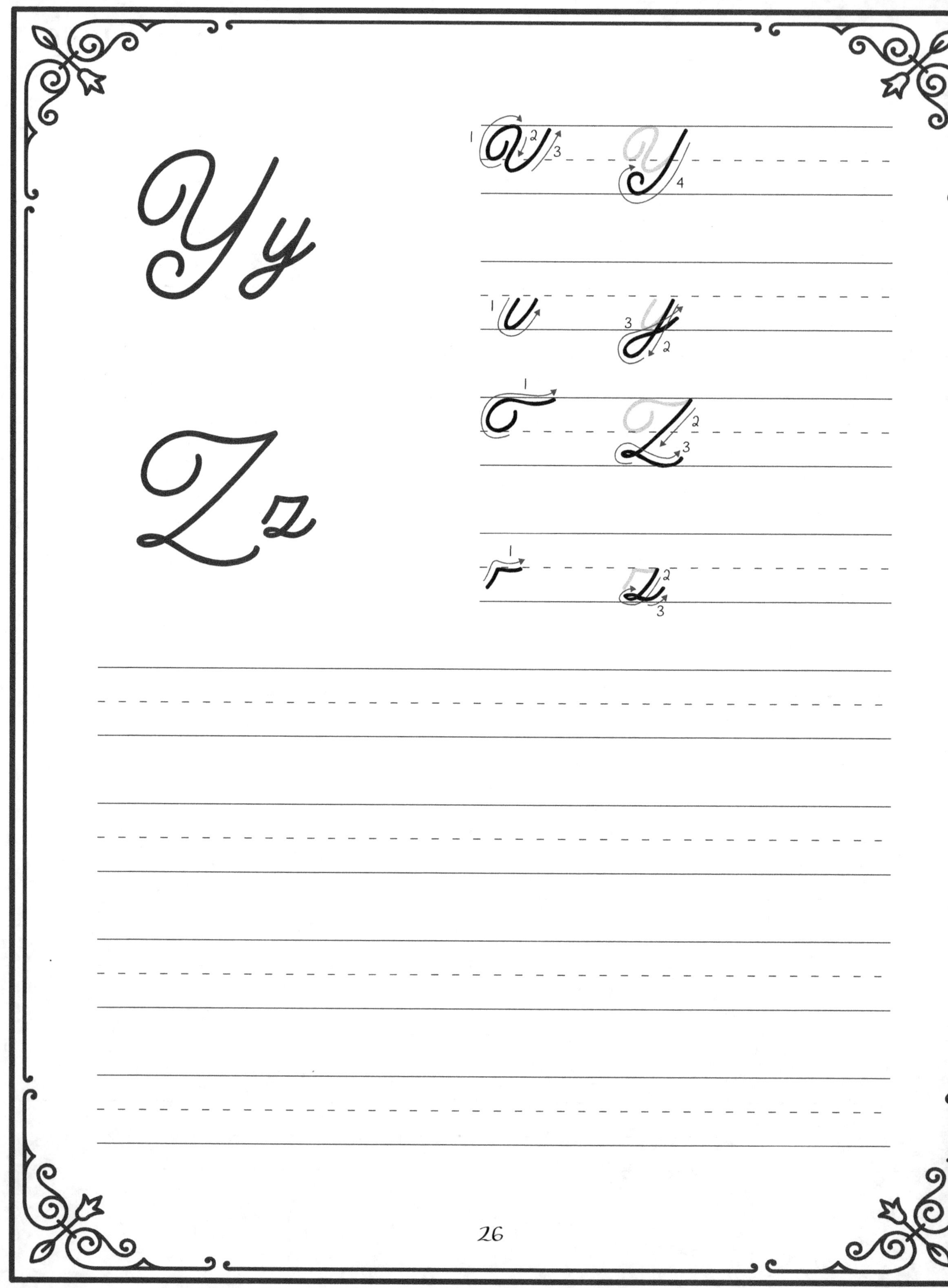

Entraînez-vous ici !

Fausse Calligraphie

La fausse calligraphie est un style de lettrage qui est créé comme il se doit ; c'est de la fausse calligraphie! C'est une façon d'obtenir la beauté de la calligraphie sans le travail fastidieux d'apprentissage des règles et des outils. Ce style de lettrage est généralement très fluide et ressemble à la fois à l'écriture cursive et à la calligraphie. C'est l'un des styles de lettrage à la main les plus utilisés en raison de sa diversité. Vous pouvez utiliser pratiquement n'importe quel outil, sur n'importe quelle surface ! Du verre au bois en passant par le tissu, tout est permis.

Les meilleurs outils pour la fausse calligraphie sont les stylos et les marqueurs. Mais vous pouvez aussi commencer à vous exercer avec un crayon ! La plupart des autres outils peuvent également être utilisés, mais ceux-ci sont les plus faciles à utiliser pour commencer.

Aa Bb Cc Dd Ee Ff
Gg Hh Ii Jj Kk Ll
Mm Nn Oo Pp Qq Rr
Ss Tt Uu Vv Ww Xx
Yy Zz

Comment Faire De La Fausse Calligraphie ?

Nous allons d'abord vous expliquer comment l'écrire en prenant pour exemple la lettre a.

Si vous choisissez de remplir l'espace entre les lignes, utilisez un outil à la pointe plus épaisse. Si vous laissez l'espace vide, une option plus fine et plus précise sera plus facile.

Ligne supérieure

Ligne moyenne

Ligne de base

- Commencez à 1 et dessinez une forme ovale ouverte entre la ligne moyenne et la ligne de base. Remontez légèrement une fois que vous avez atteint la ligne de base et arrêtez-vous sous le début de la ligne. Relevez votre stylo.

- En commençant par le 3 et en reliant une forme en « u » à l'ovale, vous obtenez un a. Félicitations, vous avez fait la première partie !

- Maintenant, pour faire de la lettre une fausse calligraphie officielle : en reprenant la forme ovale, commencez à 4. Ajoutez de la consistance en traçant une autre ligne à côté de la première, en déplaçant le stylo vers le bas. Faites la même chose en commençant à 5 et ajoutez du poids à la ligne existante.

- Vous pouvez laisser l'espace vide entre les lignes comme tel ou le remplir. Regardez ça ! Vous avez une fausse calligraphie de la lettre a !

Fausses Calligraphie — Traits De Base

Avant de dessiner des lettres complètes, la meilleure façon de se familiariser avec ce style de lettrage est de s'exercer aux traits de base. Lorsque vous vous exercez, commencez toujours avec votre stylo à 1, et suivez la direction des flèches. Gardez à l'esprit qu'à chaque fois que le stylo se déplace vers le bas, il s'agit d'un trait descendant, et que vous allez épaissir ce trait. Les pages d'exercice laissent l'espace entre les lignes vide, afin que vous puissiez choisir de le remplir ou non.

Trait ascendant

Épaississez le trait descendant

Une fois que vous vous êtes familiarisé avec les traits de base, il est temps de commencer à assembler le tout ! Suivez les mêmes instructions pour travailler sur l'alphabet, rappelez-vous les conseils discutés précédemment et soyez patient avec vous-même ! Prenez le temps qu'il vous faut pour maîtriser l'alphabet de la fausse calligraphie !

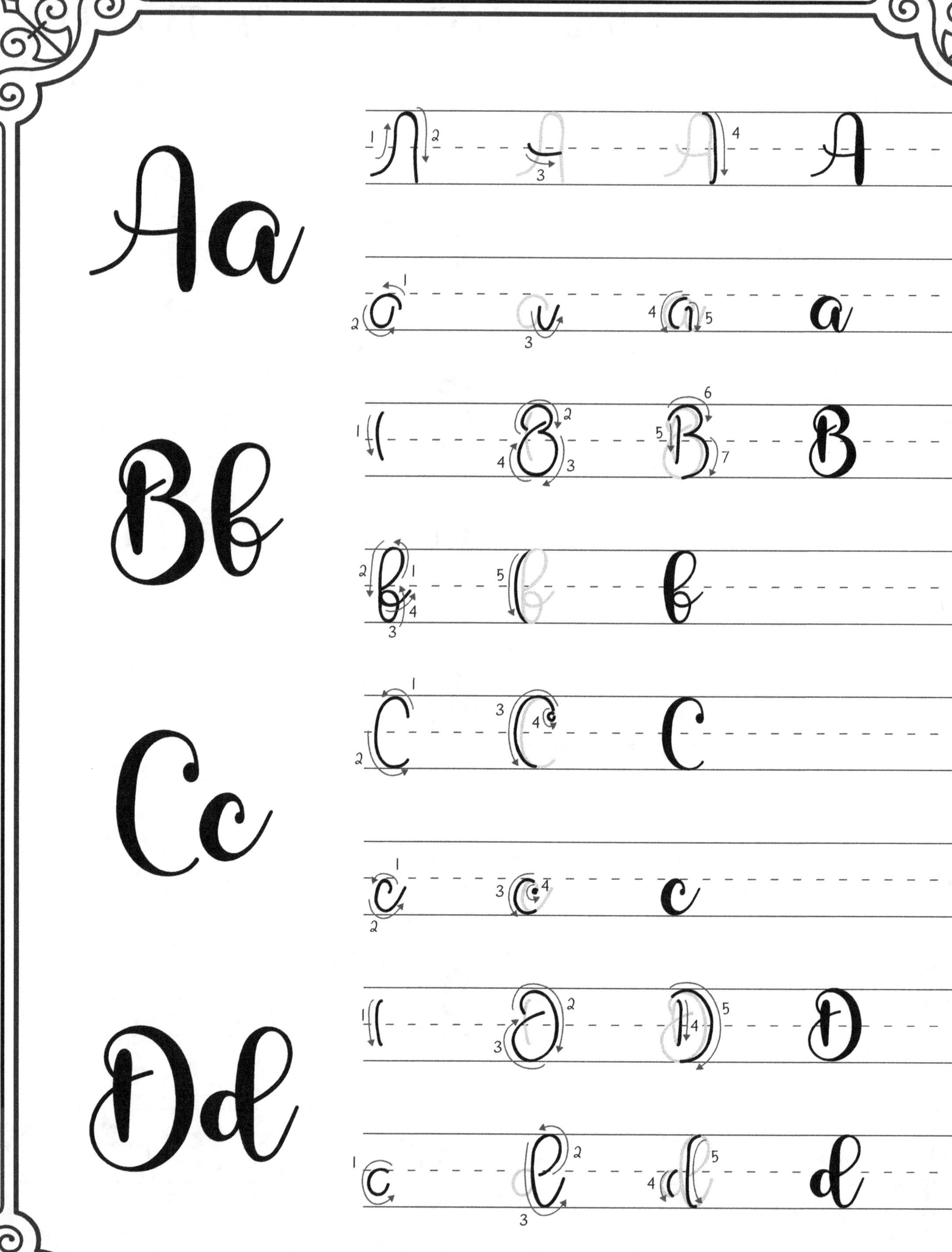

Aa
Bb
Cc
Dd

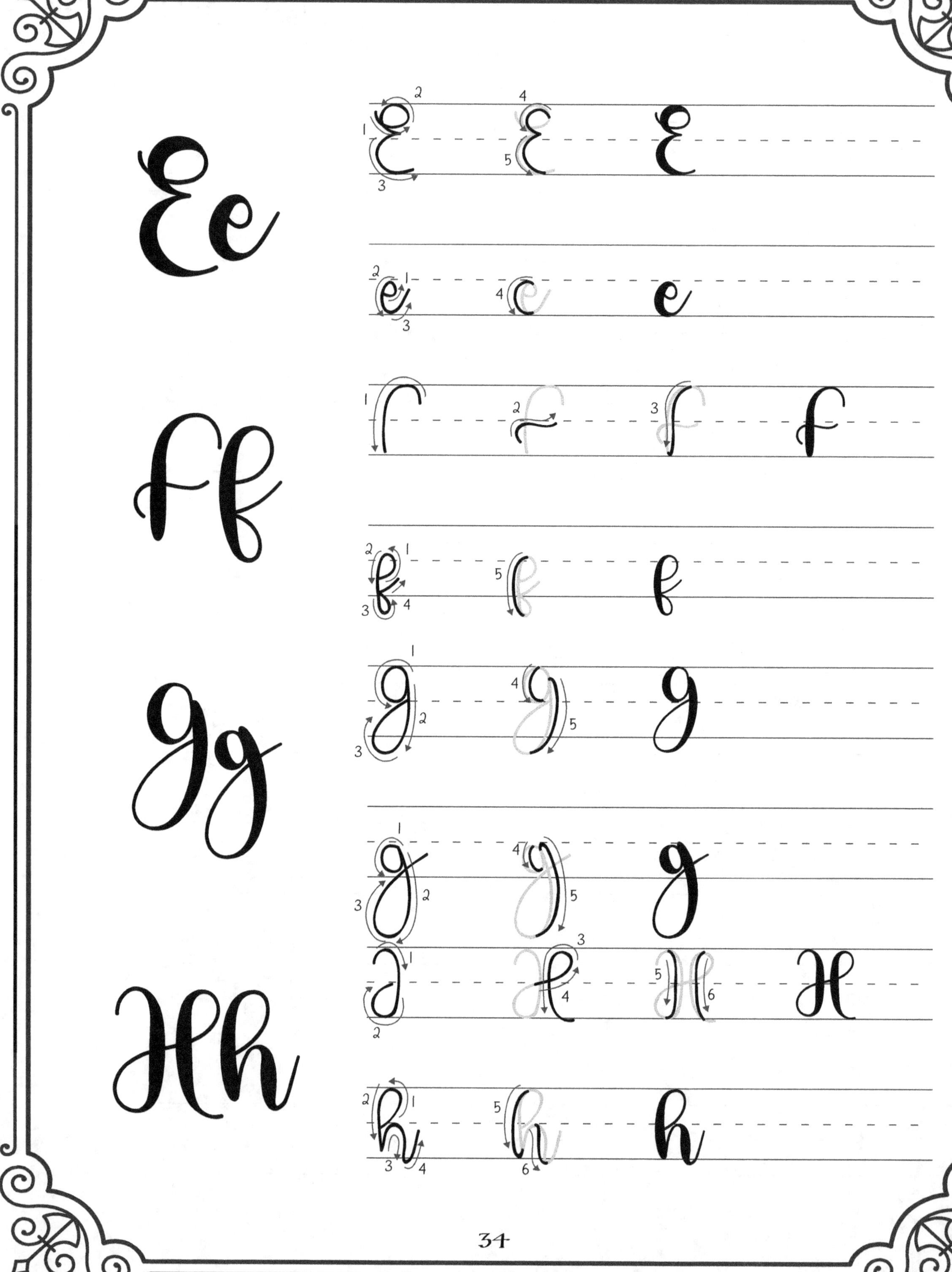

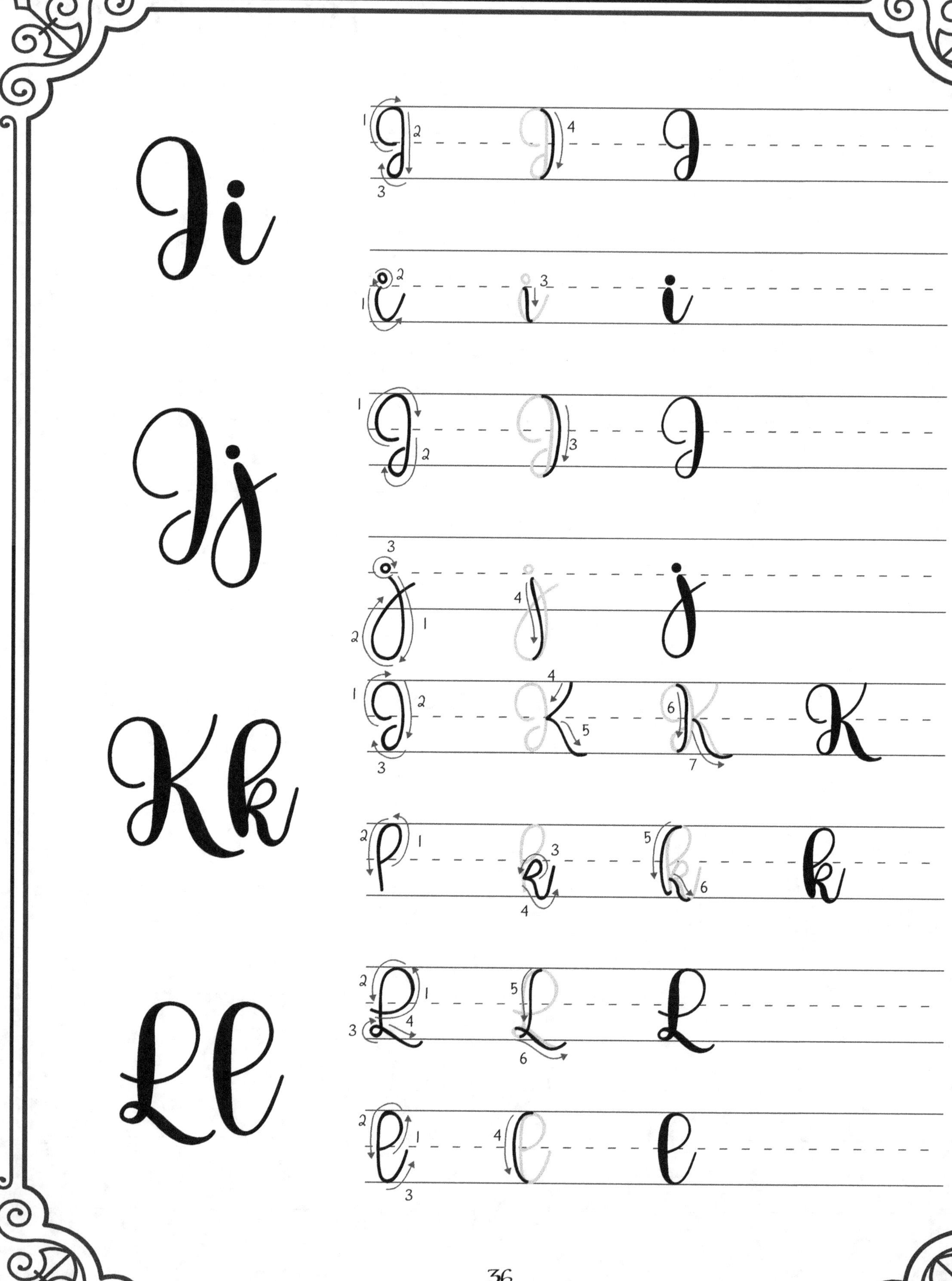

Mm Nn Oo Pp

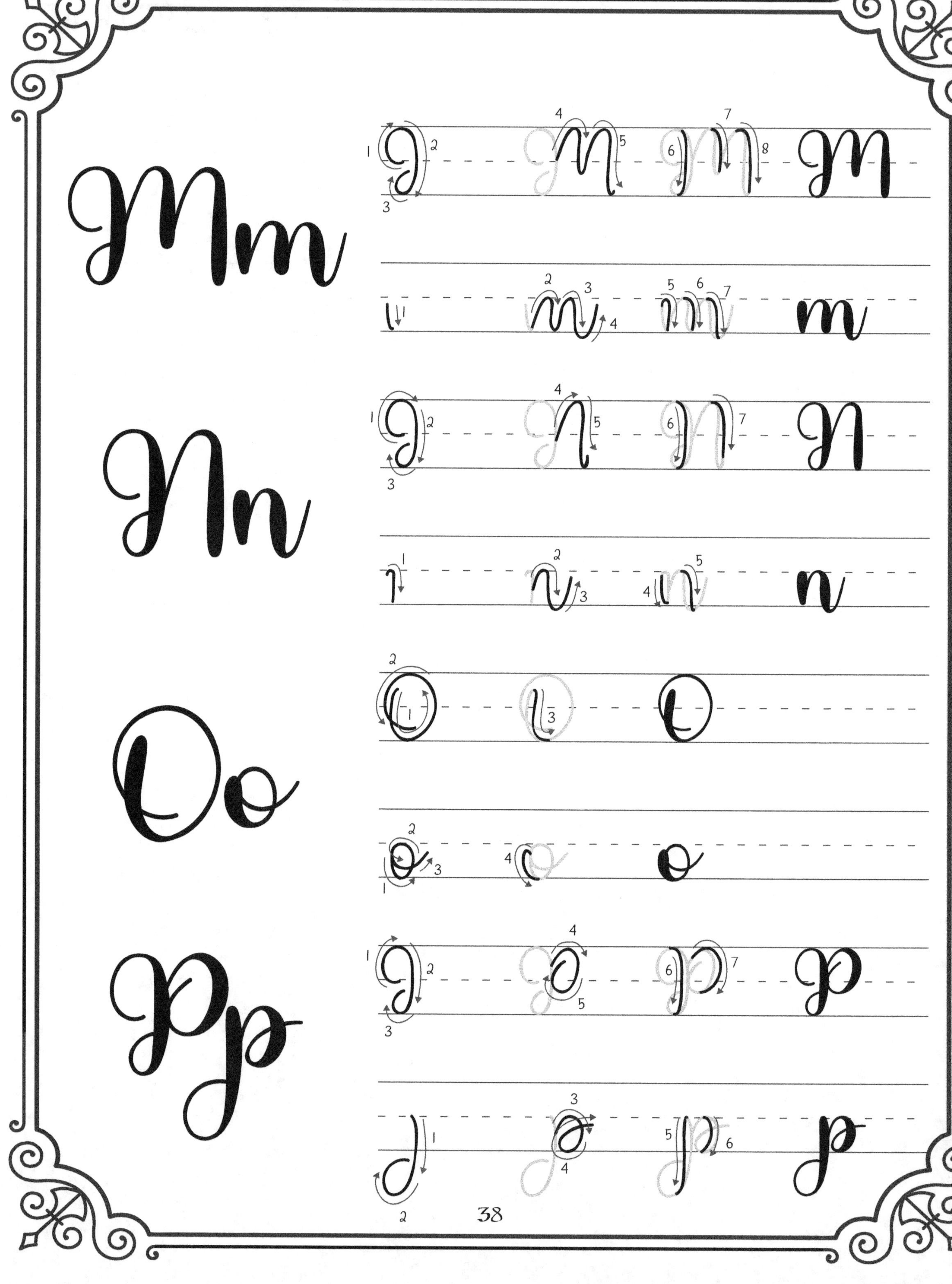

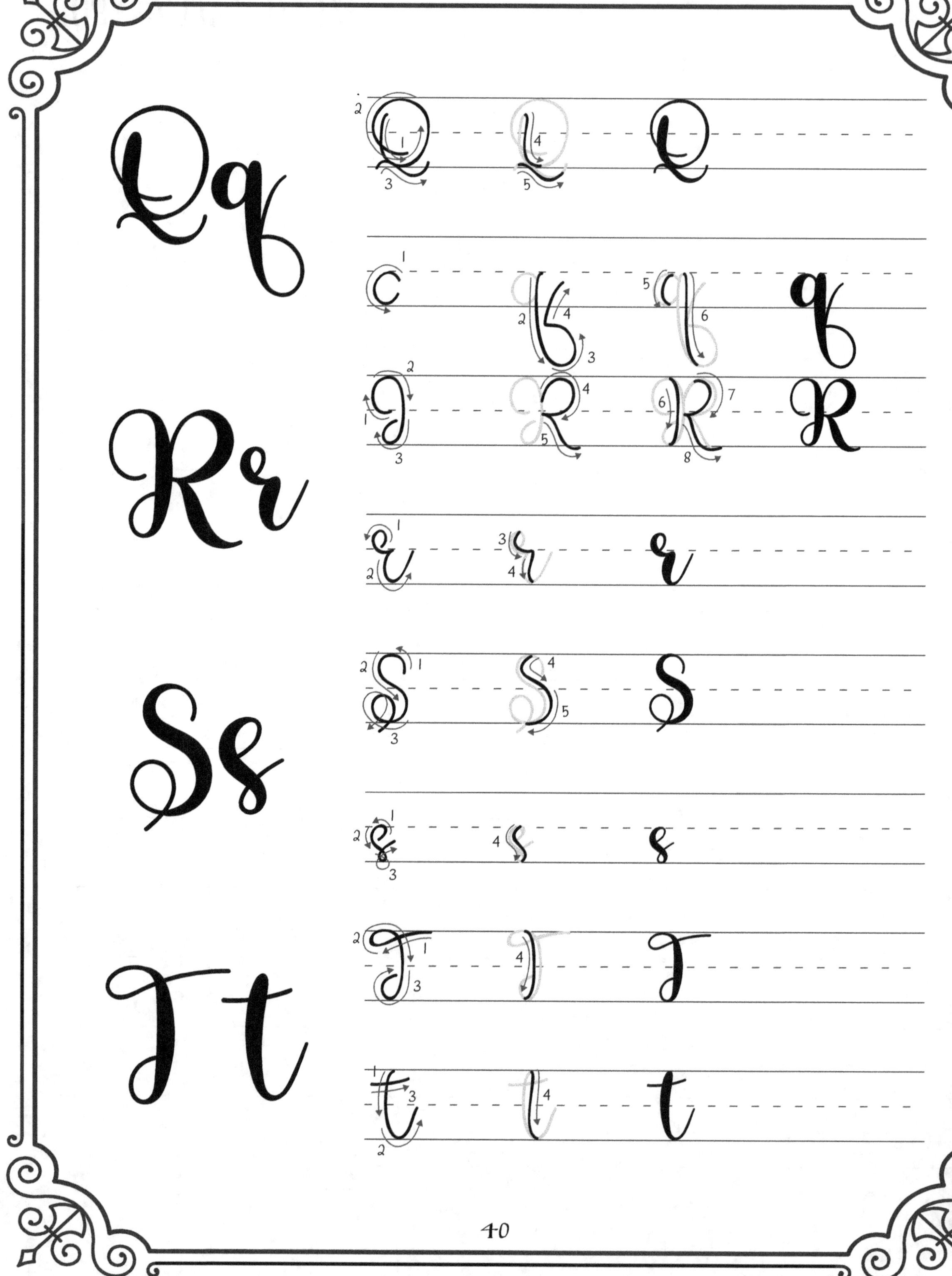

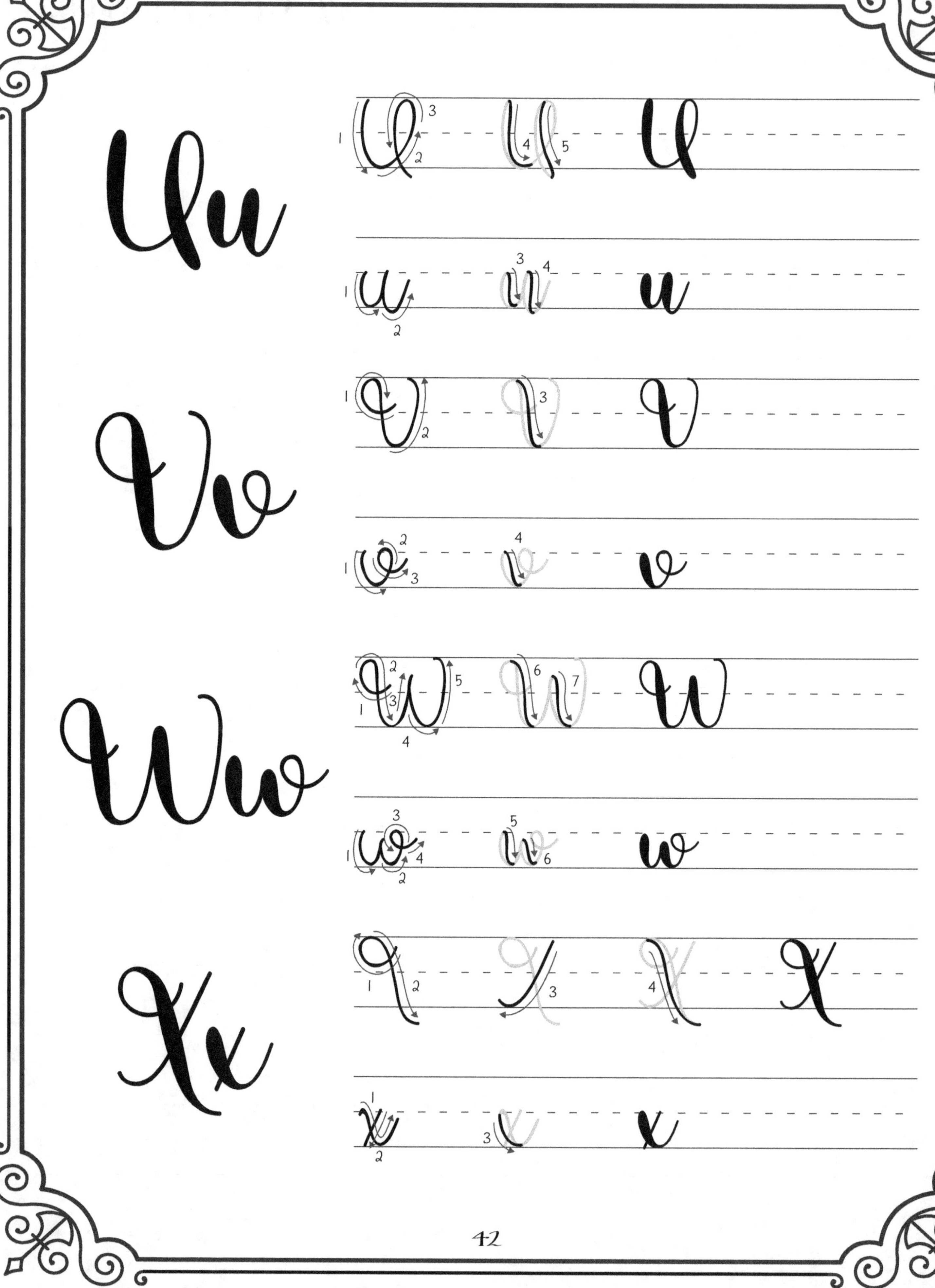

Yy

Zz

Brush Lettering

C'est avec le brush lettering que notre pratique devient un peu plus avancée. Il vous sera utile de vous familiariser avec le lettrage monoligne et la fausse calligraphie avant de passer au brush lettering, car vous vous appuierez sur les compétences acquises dans ces styles. Le brush lettering est souvent utilisé pour les lettres plus formelles ou plus fantaisistes, comme les invitations de mariage ou les annonces de remise de diplômes.

Le brush lettering utilise une technique spécifique pour obtenir une variation des lignes : augmenter et diminuer la pression sur le stylo, plutôt que d'ajouter des lignes supplémentaires comme dans la fausse calligraphie. Le stylo est toujours soulevé entre les traits afin de mieux contrôler chaque lettre et de rester cohérent. En général, on utilise un feutre pinceau pour l'écriture à proprement parler. On peut également utiliser de la peinture et un pinceau souple, mais ceux-ci peuvent être plus difficiles à manier.

Aa Bb Cc Dd Ee Ff

Gg Hh Ii Jj Kk Ll

Mm Nn Oo Pp Qq Rr

Ss Tt Uu Vv Ww Xx

Yy Zz

Les 8 traits de base

Trait ascendant

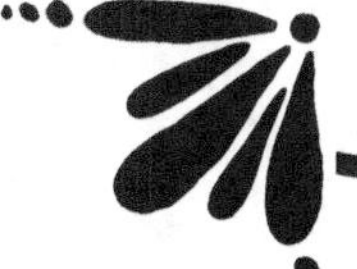

Commencez avec votre feutre pinceau en bas, et dessinez une ligne vers le haut. N'oubliez pas de ne pas exercer de pression, afin d'obtenir une ligne fine et agréable.

Trait descendant

En utilisant une technique similaire, commencez par le haut et tracez une ligne vers le bas. Cette fois, ajoutez de la pression et poussez le feutre pinceau un peu plus vers le bas pour rendre la ligne plus épaisse. Plus la pression est forte, plus le trait est épais.

Renversement

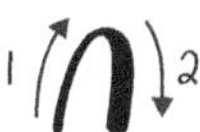

Commencez par le bas, en dessinant une courbe vers le haut. Sans vous arrêter, courbez la ligne vers le bas en ajoutant de la pression pour obtenir une ligne épaisse. Cette étape est délicate, car vous devrez changer de pression pendant le trait lui-même. Allez-y doucement et continuez à vous entraîner !

Retournement

TLe retournement est l'inverse du renversement. Commencez par le haut et dessinez une courbe vers le bas. N'oubliez pas la pression ! En bas, relâchez la pression et dessinez un trait courbe vers le haut. N'oubliez pas de garder le stylo en mouvement pendant toute la durée du trait. Allez-y lentement si nécessaire, mais pas trop lentement, car votre main pourrait trembler.

Courbe composée

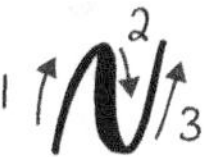

La courbe composée est un trait couramment utilisé pour relier des lettres. N'oubliez pas que le stylo ne quitte pas la page et continue à se déplacer tout au long du trait. En partant de la gauche, du bas vers le haut, dessinez un trait courbe vers le haut. Dessinez un trait descendant incurvé, puis répétez un trait ascendant. Rappelez-vous que les traits descendants doivent être épais et les traits ascendants fins, de sorte que vous devez obtenir deux lignes fines et une ligne épaisse au milieu.

<h1 align="center">OVALE</h1>

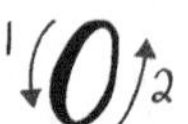

Un ovale est simplement un cercle allongé avec des variations de lignes. Commencez par le haut et dessinez un trait descendant incurvé. En bas, relâchez la pression et dessinez une courbe ascendante, et, au lieu de la terminer, courbez-la pour la relier à la courbe descendante du haut.

<h1 align="center">BOUCLE ASCENDANTE</h1>

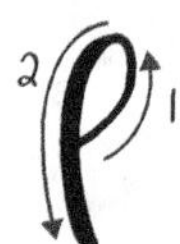

La boucle ascendante est utilisée sur les lettres qui se trouvent au-dessus de la ligne moyenne, comme h, b, d, etc. Pour commencer, vous allez positionner votre stylo à peu près à mi-chemin au-dessus de l'endroit où vous voulez que le trait se termine. Commencez un trait courbe vers le haut et créez une boucle ovale. Ensuite, gardez le stylo en mouvement et terminez la boucle par un trait descendant droit vers le bas. La boucle ascendante se combinera presque toujours avec un autre trait pour former une lettre complète.

<h1 align="center">BOUCLE DESCENDANTE</h1>

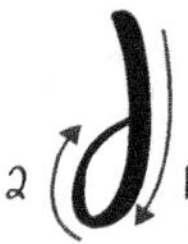

La boucle descendante suit la même idée de base que la boucle ascendante. C'est aussi un trait qui termine une lettre, et le trait tombe toujours sous la ligne de base. Elle accompagne des lettres comme le g et le y. C'est aussi un trait sur lequel s'appuient généralement les fioritures.

Pour le commencer, placez votre stylo au milieu de l'endroit où vous voulez que le trait soit et dessinez un trait descendant qui se courbe à la fin. Maintenez le stylo en mouvement, relâchez la pression et dessinez une courbe vers le haut. Vous devriez vous retrouver avec une forme fermée de type ovale.

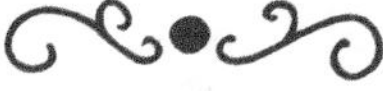

UNE FOIS QUE VOUS VOUS SEREZ FAMILIARISÉ AVEC LES DIFFÉRENTS COUPS, PASSEZ À LA PRATIQUE SUR LES PAGES SUIVANTES ! SI VOUS ÊTES BLOQUÉ, VOUS POUVEZ REVENIR AUX EXPLICATIONS.

TRAITS DE BASE

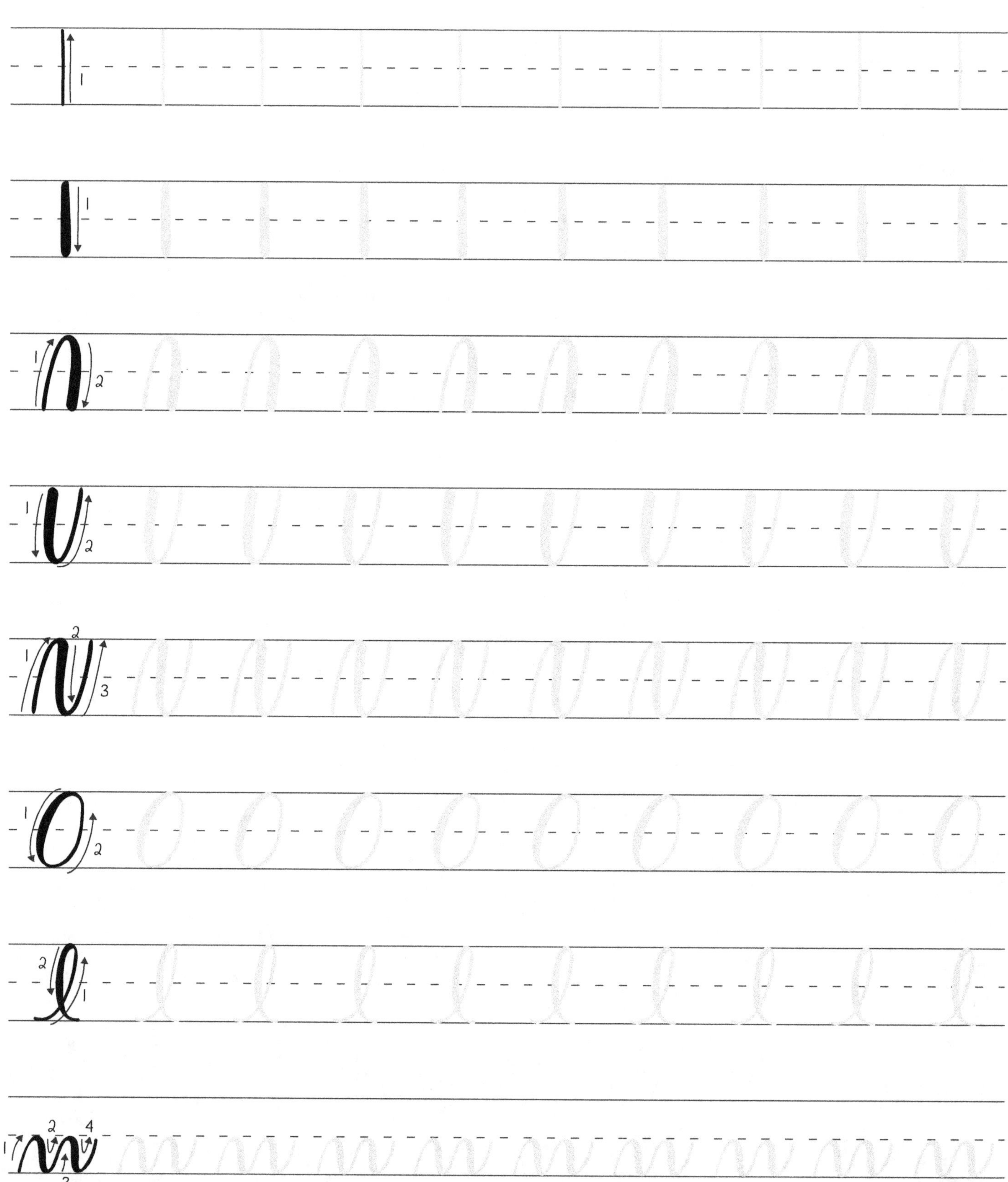

L'alphabet du brush lettering peut être un peu plus difficile. Il y a tellement de traits et de termes différents qu'il est difficile de s'y retrouver! Cette section est là pour vous apporter un peu plus de clarté en vous guidant à travers chaque lettre.

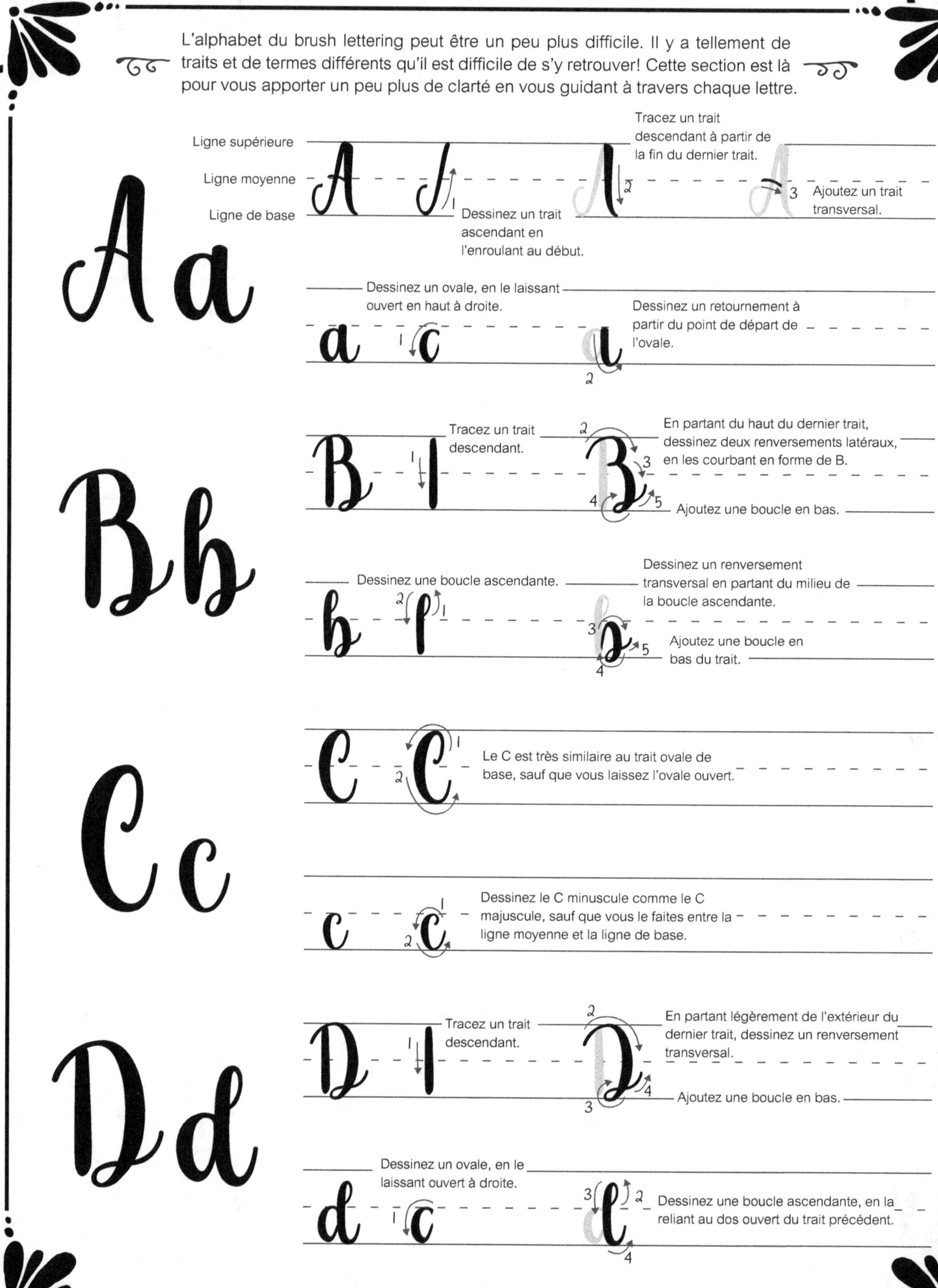

Ligne supérieure

Ligne moyenne

Ligne de base

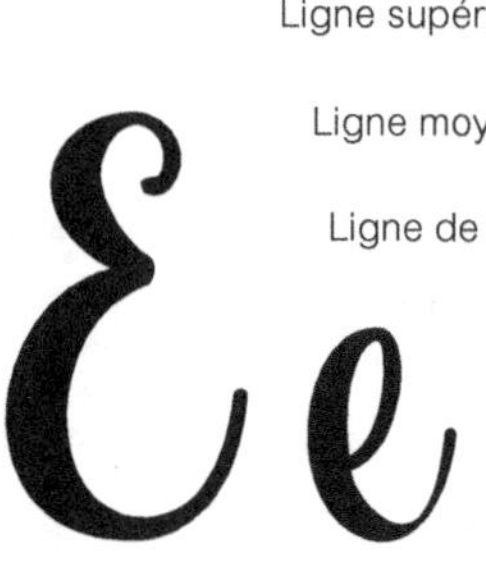

Dessinez un retournement transversal.

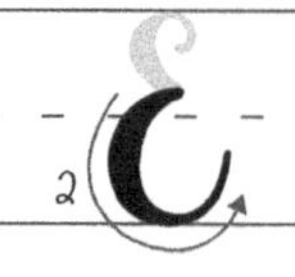

En partant de l'endroit où le dernier trait s'est terminé, dessinez un autre retournement transversal, en l'agrandissant.

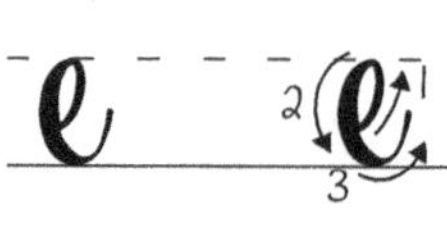

Dessinez une petite boucle ascendante, en la maintenant sous la ligne moyenne et en amenant la queue plus haut.

Dessinez un trait descendant.

Dessinez une barre transversale légèrement courbée à la ligne du chapeau.

Ajoutez une autre barre transversale à la ligne moyenne.

Ajoutez un petit trait ascendant à partir de la lettre.

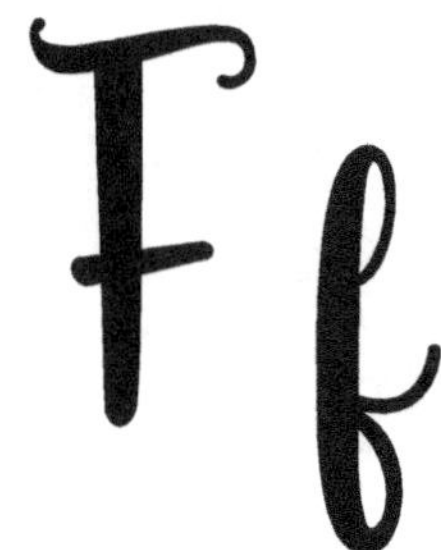

Si vous décomposez le f minuscule en traits de base, vous commencerez par dessiner une boucle ascendante.

En partant de l'endroit où le dernier trait s'est terminé, dessinez une boucle descendante, en la fermant à la ligne de base. Entraînez-vous à relier les deux traits sans prendre votre stylo entre les deux !

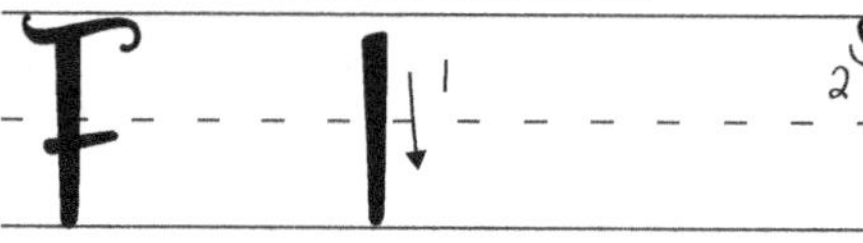

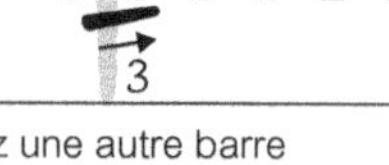

Ajoutez une boucle descendante, en partant de l'endroit où s'est terminé le dernier trait.

Dessinez une forme de « C ».

Dessinez un ovale, en le laissant ouvert à droite.

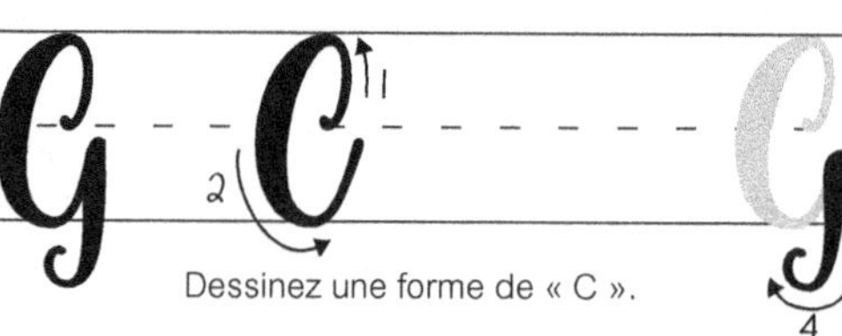

Ajoutez une boucle descendante, en partant du haut du dernier trait, en faisant remonter la queue un peu plus haut.

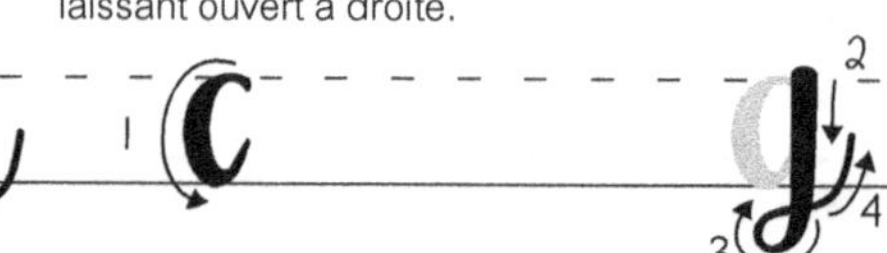

Dessinez un trait descendant.

Ajoutez un trait transversal.

Répétez l'opération en espaçant légèrement les lignes.

Dessinez une boucle ascendante.

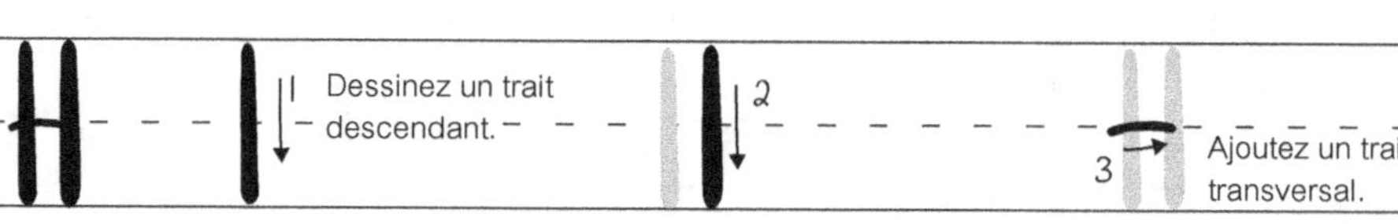

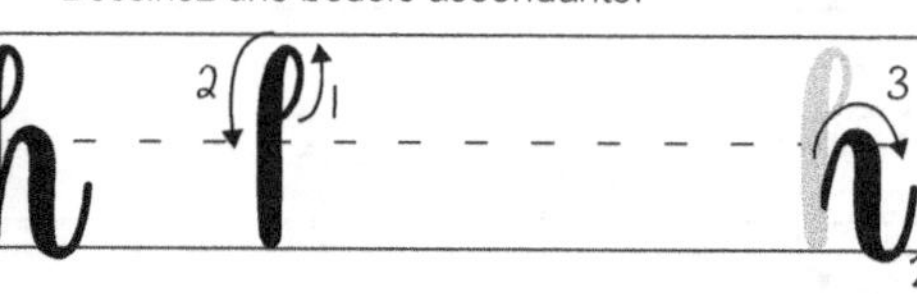

En commençant à peu près à la moitié du dernier trait, dessinez une courbe composée.

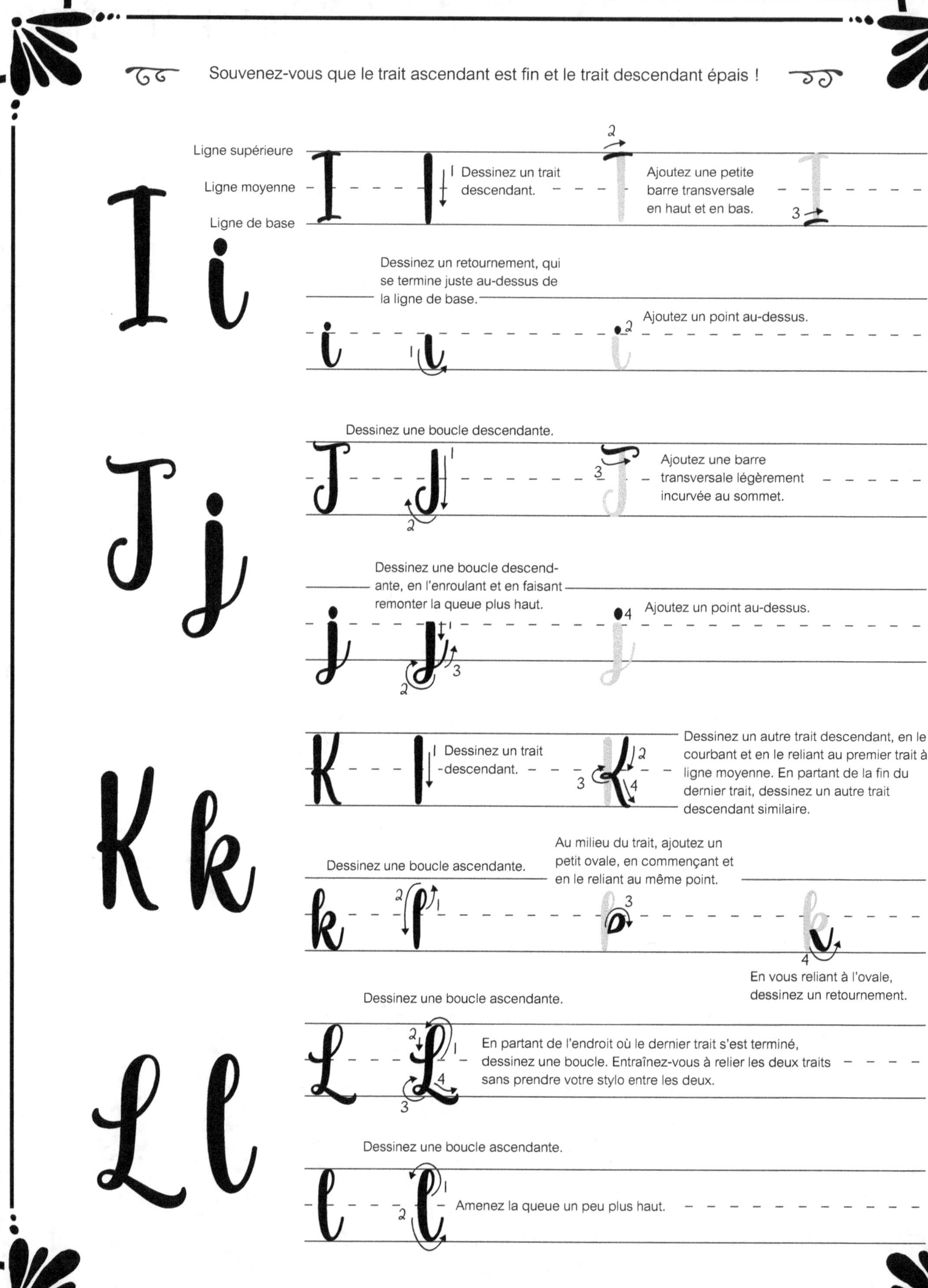

Ligne supérieure
Ligne moyenne
Ligne de base
Dessinez un trait descendant.
Ajoutez une petite barre transversale en haut et en bas.
Dessinez un retournement, qui se termine juste au-dessus de la ligne de base.
Ajoutez un point au-dessus.
Dessinez une boucle descendante.
Ajoutez une barre transversale légèrement incurvée au sommet.
Dessinez une boucle descendante, en l'enroulant et en faisant remonter la queue plus haut.
Ajoutez un point au-dessus.
Dessinez un trait descendant.
Dessinez un autre trait descendant, en le courbant et en le reliant au premier trait à la ligne moyenne. En partant de la fin du dernier trait, dessinez un autre trait descendant similaire.
Dessinez une boucle ascendante.
Au milieu du trait, ajoutez un petit ovale, en commençant et en le reliant au même point.
En vous reliant à l'ovale, dessinez un retournement.
Dessinez une boucle ascendante.
En partant de l'endroit où le dernier trait s'est terminé, dessinez une boucle. Entraînez-vous à relier les deux traits sans prendre votre stylo entre les deux.
Dessinez une boucle ascendante.
Amenez la queue un peu plus haut.

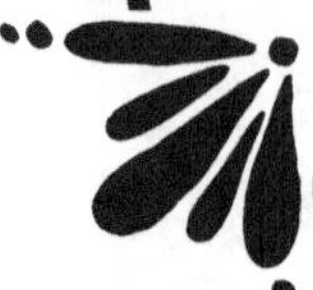

En revenant au dernier trait, dessinez un trait descendant.

Ligne supérieure

Ligne moyenne

Ligne de base

M — Dessinez un trait ascendant, avec une boucle en bas. — En partant de la moitié du dernier trait, dessinez une courbe composée.

En partant de la fin du dernier trait, dessinez un trait descendant, puis un trait ascendant.

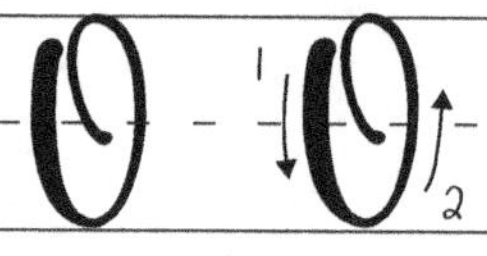

m — Tracez un trait descendant. — En partant de la fin du dernier trait, dessinez un renversement. — En partant de la moitié du dernier trait, dessinez une courbe composée.

N — Dessinez un trait ascendant, avec une boucle en bas. — En partant de la fin du dernier trait, dessinez un trait descendant. — En partant de la ligne supérieure, dessinez un trait descendant, relié à la fin du dernier trait.

n — Dessinez un trait descendant. — En partant du bas du dernier trait, dessinez une courbe composée.

O — Dessinez une forme ovale, en ajoutant une ligne à l'extrémité qui traverse partiellement le milieu de la lettre.

o — Dessinez un ovale, avec une ligne qui traverse la lettre jusqu'à l'autre côté, en l'incurvant légèrement à la fin. Cette ligne vous sera utile lorsque vous relierez vos lettres entre elles.

P — Tracez un trait descendant. — En partant légèrement de l'extérieur du dernier trait, dessinez un renversement transversal, en le reliant à la moitié du dernier trait.

En partant du dernier trait commencé, dessinez un renversement, en le reliant à la moitié du dernier trait.

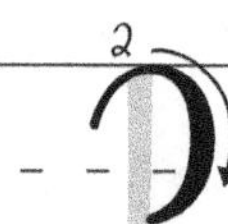

p — Dessinez un trait descendant. — Ajoutez une boucle qui sort de la lettre.

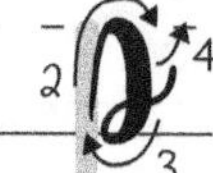

Mm Mm Mm Mm Mm Mm

Mm

Nn Nn Nn Nn Nn Nn

Nn

Oo Oo Oo Oo Oo Oo

Oo

Pp Pp Pp Pp Pp Pp

Pp

Cette lettre ressemble presque exactement à un O majuscule,
la seule différence étant un tiret en bas de la lettre.

Ligne supérieure

Ligne moyenne

Ligne de base

Dessinez un
ovale, et ajoutez
un tiret.

Dessinez un ovale, en le
laissant ouvert à droite.

En partant du haut du dernier trait,
dessinez une boucle descendante.

Ajoutez un petit trait qui
se détache de la lettre.

En partant légèrement de l'extérieur du
dernier trait, dessinez un renversement qui
se connecte au milieu du dernier trait.

Dessinez un trait
descendant.

Tracez un trait descendant.

Sur la ligne moyenne,
tracez une petite ligne
horizontale.

Dessinez un petit
trait ascendant.

À partir de l'extrémité de la ligne
horizontale, dessinez un retournement,
en le terminant plus tôt que vous ne le
feriez normalement.

Dessinez une boucle ascendante
relâchée, et continuez à dessiner une
boucle descendante libre.

Reproduisez un S majuscule
à une échelle plus petite.

À la fin, le trait traverse la lettre,
reliant la lettre suivante.

Dessinez un trait
descendant.

Dessinez une barre
transversale
légèrement courbée.

Dessinez un trait
descendant, en faisant
remonter la queue un
peu plus haut.

Ajoutez une barre
transversale près du
haut de la lettre.

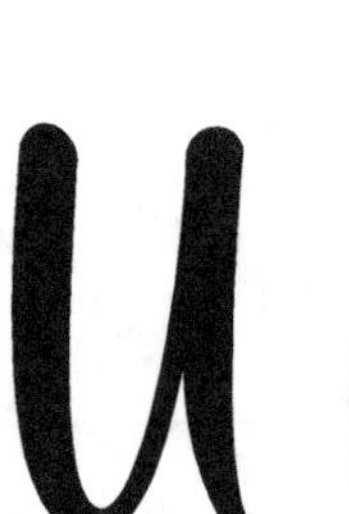

Ligne supérieure

Ligne moyenne

Ligne de base

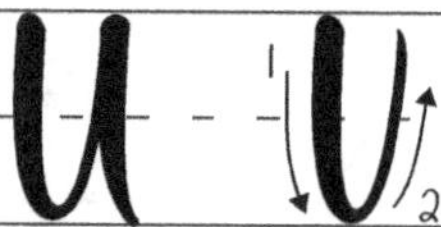 Dessinez un retournement.

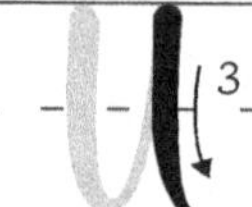 Dessinez un trait descendant, en le reliant au retournement.

Très similaire au U majuscule, il suffit de le dessiner plus petit et de faire remonter la queue un peu plus haut.

Dessinez un trait oblique descendant.

En partant de la fin du dernier trait, dessinez un trait oblique ascendant.

Reproduisez un V majuscule à une échelle plus petite et en ajoutant une boucle et une queue sur le côté gauche.

Tracez un retournement, en le terminant plus tôt que vous ne le feriez normalement.

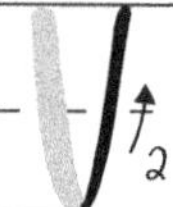 En le reliant au dernier, dessinez un autre retournement.

Reproduisez un W majuscule à une échelle plus petite.

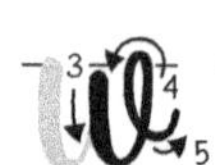 Ajoutez une boucle à la fin.

Tracez un trait descendant incliné.

En partant de la ligne de base, dessinez un trait ascendant incliné dans le sens opposé, en croisant le premier trait à la ligne moyenne.

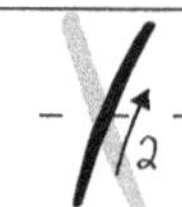 Tracez un trait descendant incurvé.

En partant de la ligne de base, dessinez un trait ascendant, incliné dans la direction opposée, en croisant le premier trait au centre.

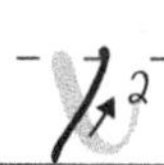

Uu Uu Uu Uu Uu Uu

Uu

Vv Vv Vv Vv Vv Vv

Vv

Ww Ww Ww Ww Ww Ww

Ww

Xx Xx Xx Xx Xx Xx

Xx

Ligne supérieure

Ligne moyenne

Ligne de base

Dessinez un retournement.

En partant de l'extrémité du dernier trait, dessinez une boucle descendante.

Dessinez un retournement.

En partant de l'extrémité du dernier trait, dessinez une boucle descendante, en faisant remonter la queue un peu plus haut.

Tracez une ligne horizontale au niveau de la ligne supérieure.

Tracez un trait descendant incliné relié au dernier trait.

Tracez une autre ligne horizontale au niveau de la ligne de base.

Dessinez un renversement.

En commençant là où le dernier trait s'est terminé, dessinez une queue, en y ajoutant une boucle.

Entraînez-vous ici !

Lettres de liaison

Maintenant que vous vous êtes familiarisé avec l'alphabet seul, il est temps de passer à l'assemblage des lettres.

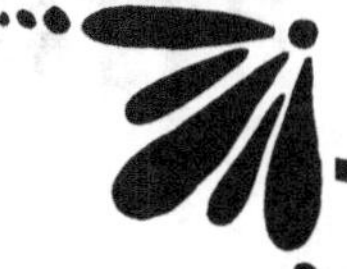

Courbe de connexion

En utilisant le mot « happy » comme exemple, nous pouvons voir quelques points clés lorsqu'il s'agit de connecter des lettres. Les lettres doivent toutes se connecter de la même manière. La courbe de connexion du h et du a a une longueur et une forme similaires et se trouve dans la même zone générale des lettres. L'espacement entre les lettres doit également être cohérent; dans le mot « happy », toutes les lettres sont à peu près à la même distance les unes des autres.

De nombreuses lettres s'enchaînent naturellement, mais ce n'est pas toujours le cas. Les lettres commencent et finissent à des endroits différents : certaines sur la ligne moyenne, d'autres sur la ligne de base – et certaines lettres n'ont pas de point de connexion clair. Dans ce cas, essayez de trouver plusieurs façons de relier la lettre et choisissez votre préférée. Voici quelques exemples.

Connexion du O et du M

Connexion du E et du R

Il convient d'éviter un trop grand nombre de connexions en boucle, car elles peuvent prêter à confusion. Comme dans les exemples ci-dessous, il peut devenir difficile de dire quelle lettre est quelle lettre à cause de toutes les boucles.

Connexion du V et du R

Essayez ces connexions

La dernière chose à retenir est que vous n'êtes pas obligé de relier toutes les lettres. Parfois, il est préférable de les laisser séparées, alors essayez aussi !

LETTRES DE LIAISON

Utilisez les pages suivantes pour pratiquer des connexions simples !

ah

du

fe

br

er

vr

yr

wr

ki

pe

ph

ox

ll

mm

nn

ss

Lettres de liaison

Une fois que vous vous êtes habitué aux liaisons courtes, vous pouvez essayer ces mots plus longs pour vous entraîner davantage !

vie

rêve

joie

beau

paix

doux

Noël

croire

amour

grâce

bénir

espoir

vibrer

souhait

courage

créatif

week-end

généreux

lumineux

musique

Fioritures

Les fioritures ne sont pas faciles à maîtriser, mais elles en valent la peine. Les fioritures sont un excellent moyen d'embellir un mot ou de le démarquer des autres. Les fioritures peuvent être aussi simples ou aussi complexes que vous le souhaitez, c'est vous qui décidez !

Il peut être bénéfique pour vous de commencer à pratiquer les fioritures très tôt. Ainsi, lorsque vous serez familiarisé avec quelques styles de lettrage, vous pourrez ajouter des fioritures immédiatement!

Lorsque vous ajoutez des fioritures, comme pour tout lettrage à la main, n'oubliez pas de garder une prise légère. Bougez tout votre bras et pas seulement vos doigts, sinon vos lignes risquent de trembler, surtout si les fioritures sont importantes. En ce qui concerne les lignes elles-mêmes, ne croisez pas deux lignes épaisses et n'essayez pas d'en mettre trop dans un petit espace.

Il existe cinq endroits idéaux pour ajouter des fioritures.

Boucles ascendantes

sur des lettres comme b, d, f, h, k, et l

La fin d'un mot

Boucles descendantes

sur des lettres comme f, g, j, p, y, et z

Sous un mot

Barres transversales

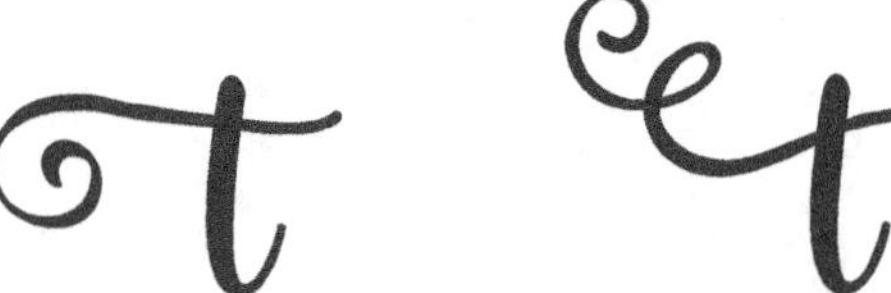

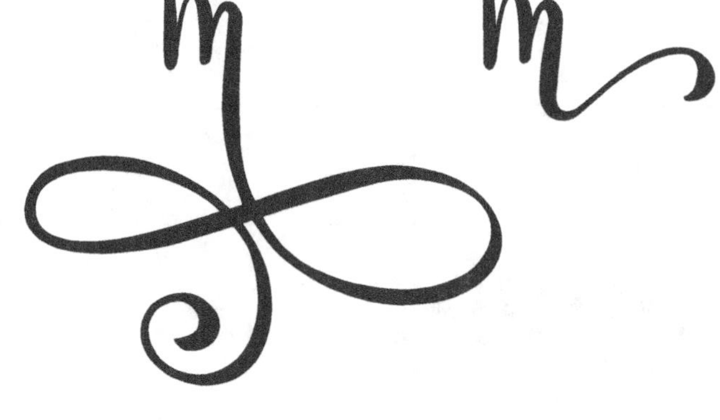

L'expérimentation est toujours encouragée :
ce ne sont que quelques exemples d'endroits faciles à mettre en valeur !

FIORITURES

Les pages suivantes vous permettront de vous entraîner à réaliser différentes arabesques. Pour que les choses restent simples, entraînez-vous avec un crayon ou un stylo dans un style monoligne. Lorsque vous serez plus à l'aise, vous pourrez commencer à créer des variations de lignes avec un feutre pinceau.

Fioritures

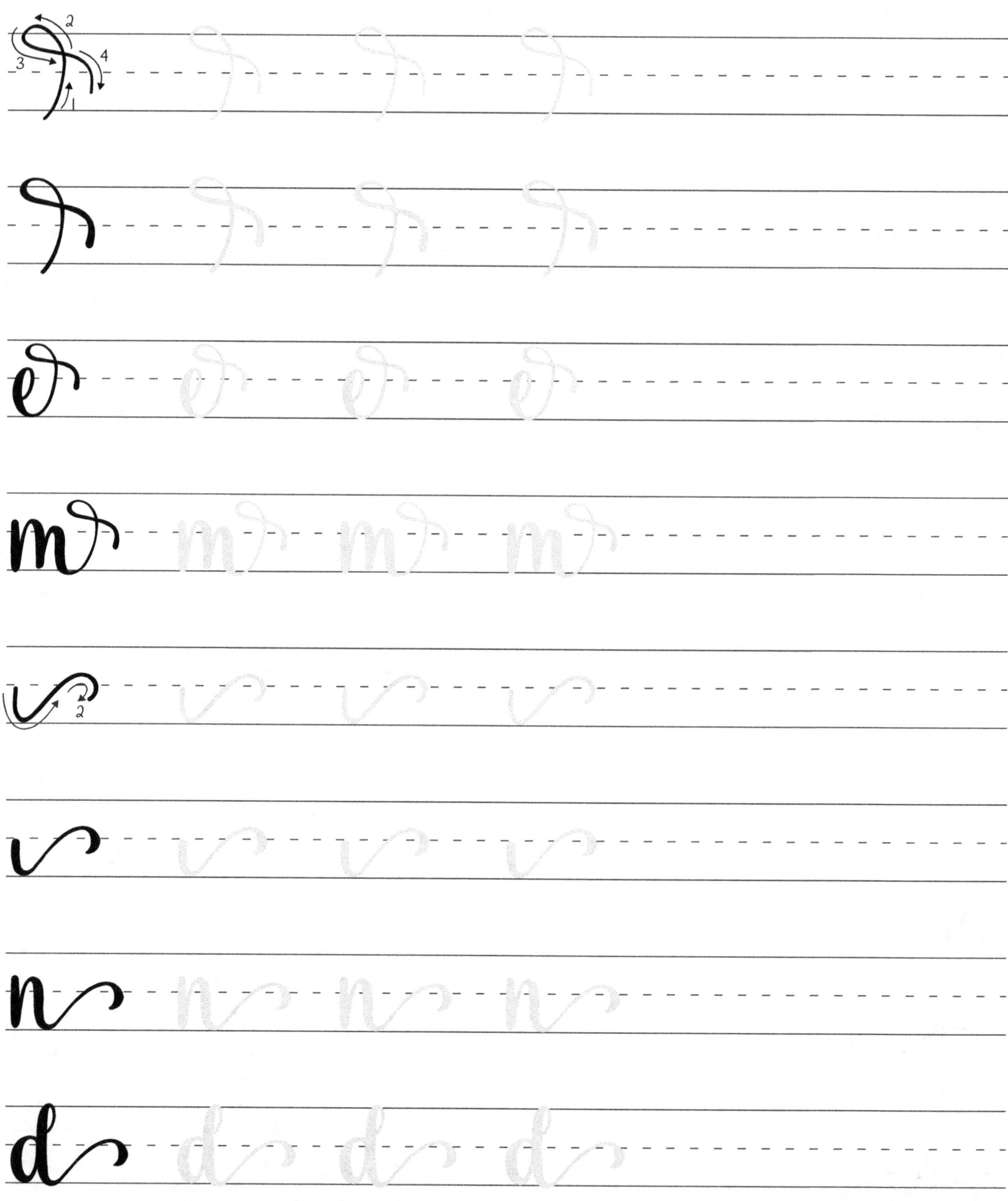

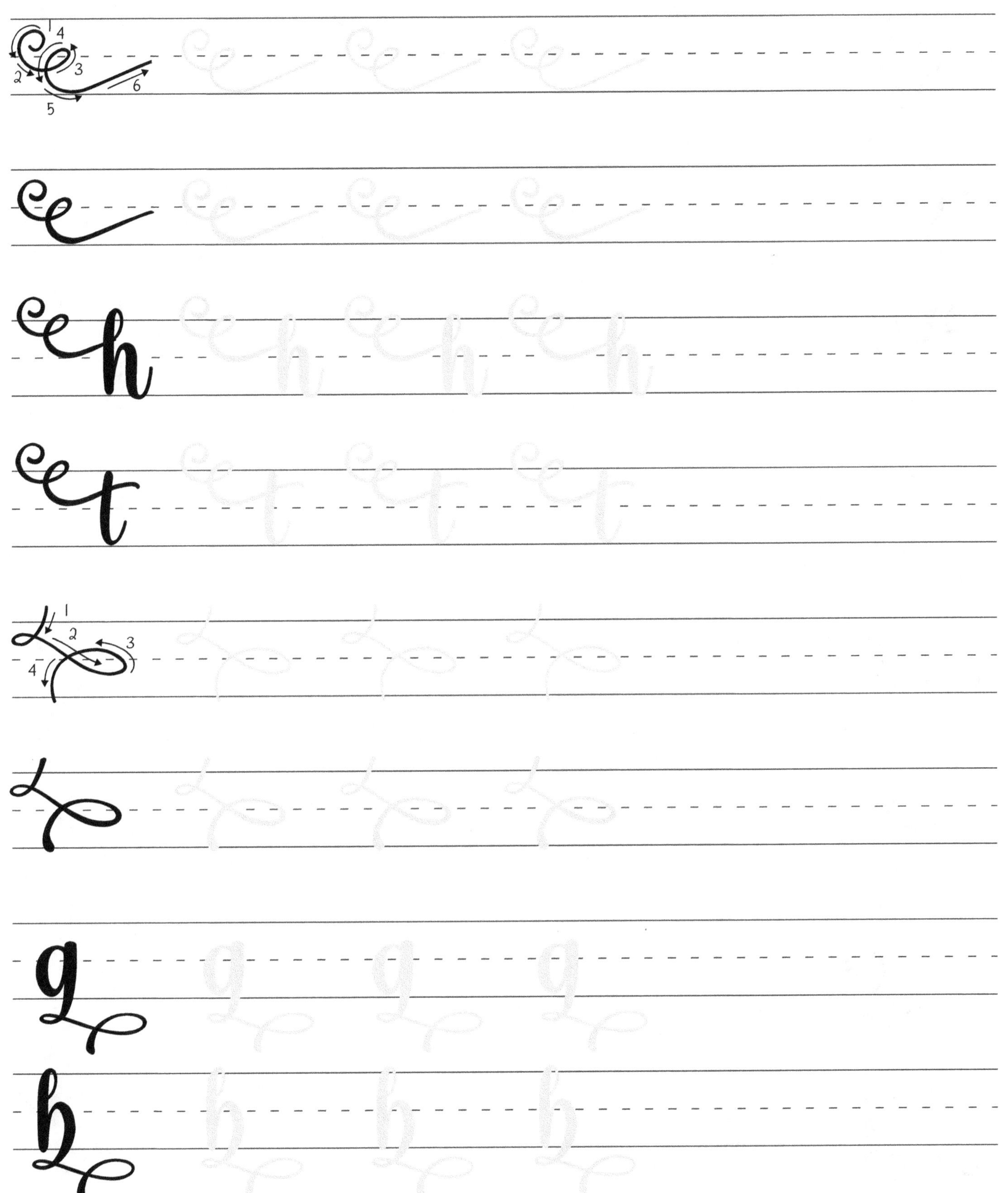

Fioritures

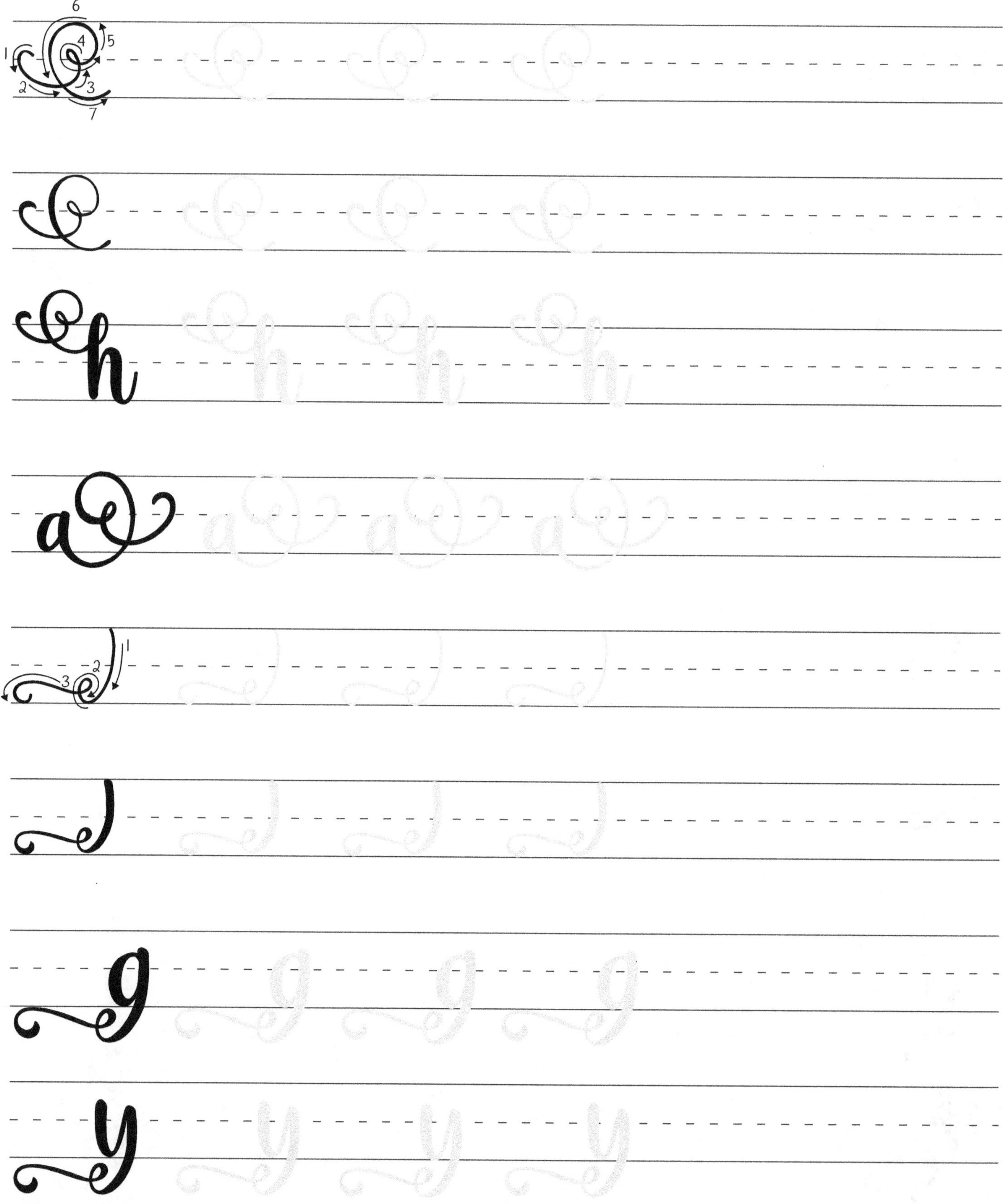

Sans-Sérif

Le sans-sérif est une police amusante à apprendre et un excellent complément à vos compétences! Vous pouvez varier tous les aspects de la lettre – la rendre étroite ou large, haute ou courte – et obtenir un look différent à chaque fois. C'est une police très minimale et soignée, qu'il vaut mieux utiliser avec d'autres styles plus fluides pour créer un contraste. Le style sans-sérif est très simple, direct et audacieux.

Aa Bb Cc Dd Ee Ff
Gg Hh Ii Jj Kk Ll
Mm Nn Oo Pp Qq Rr
Ss Tt Uu Vv Ww Xx
Yy Zz

Le sans-sérif peut être réalisé avec presque n'importe quel outil – tout ce qui peut vous donner une ligne propre et cohérente est le mieux. Les stylos et les marqueurs, comme d'habitude, sont parmi les plus utilisés, mais les crayons, les crayons de couleur et les crayons gras sont également d'excellents médiums.

UTILISEZ LES PAGES SUIVANTES POUR PRATIQUER VOTRE SANS-SÉRIF !

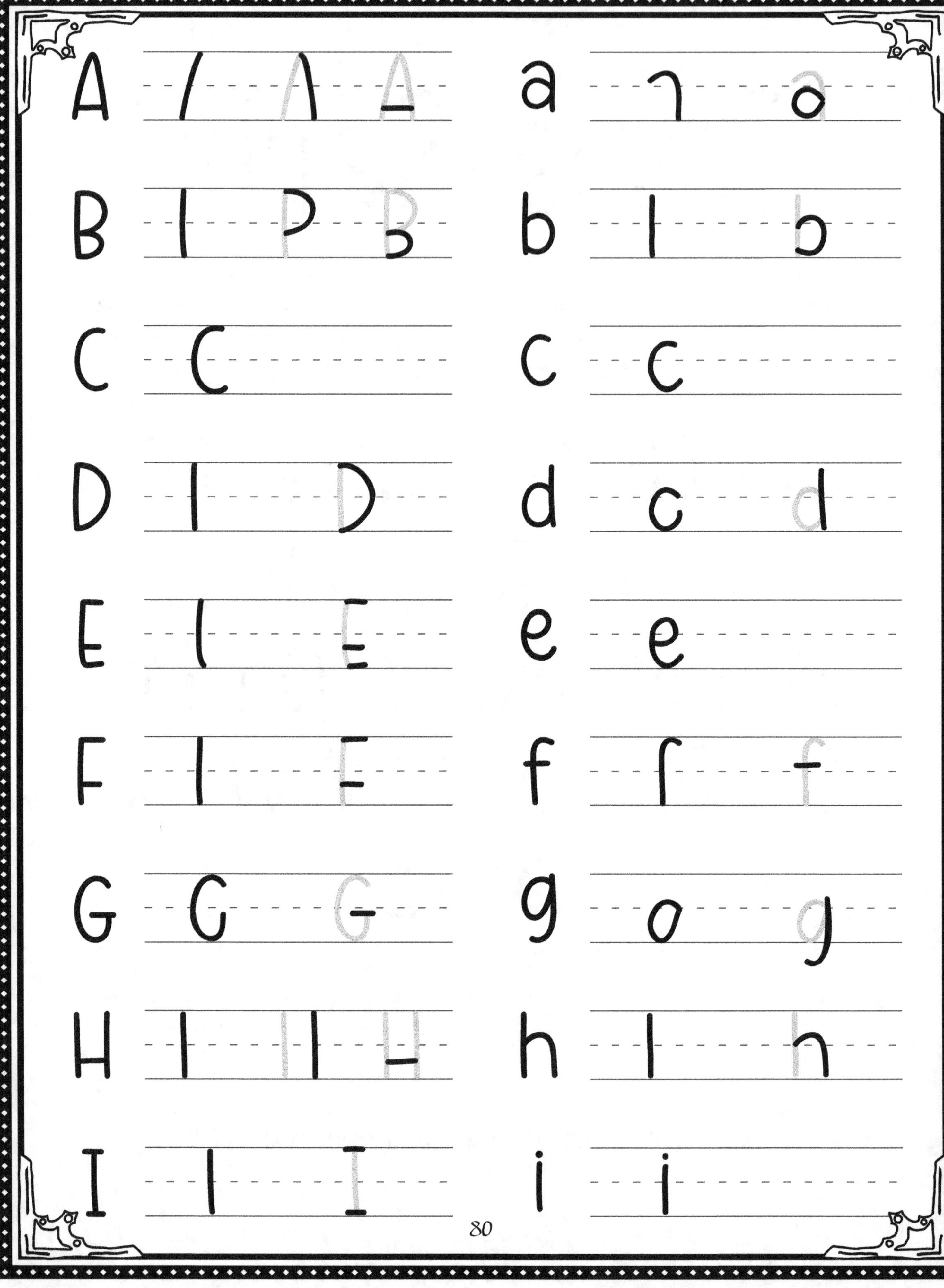

Aa   Aa   Aa

Bb   Bb   Bb

Cc   Cc   Cc

Dd   Dd   Dd

Ee   Ee   Ee

Ff   Ff   Ff

Gg   Gg   Gg

Hh   Hh   Hh

Ii   Ii   Ii

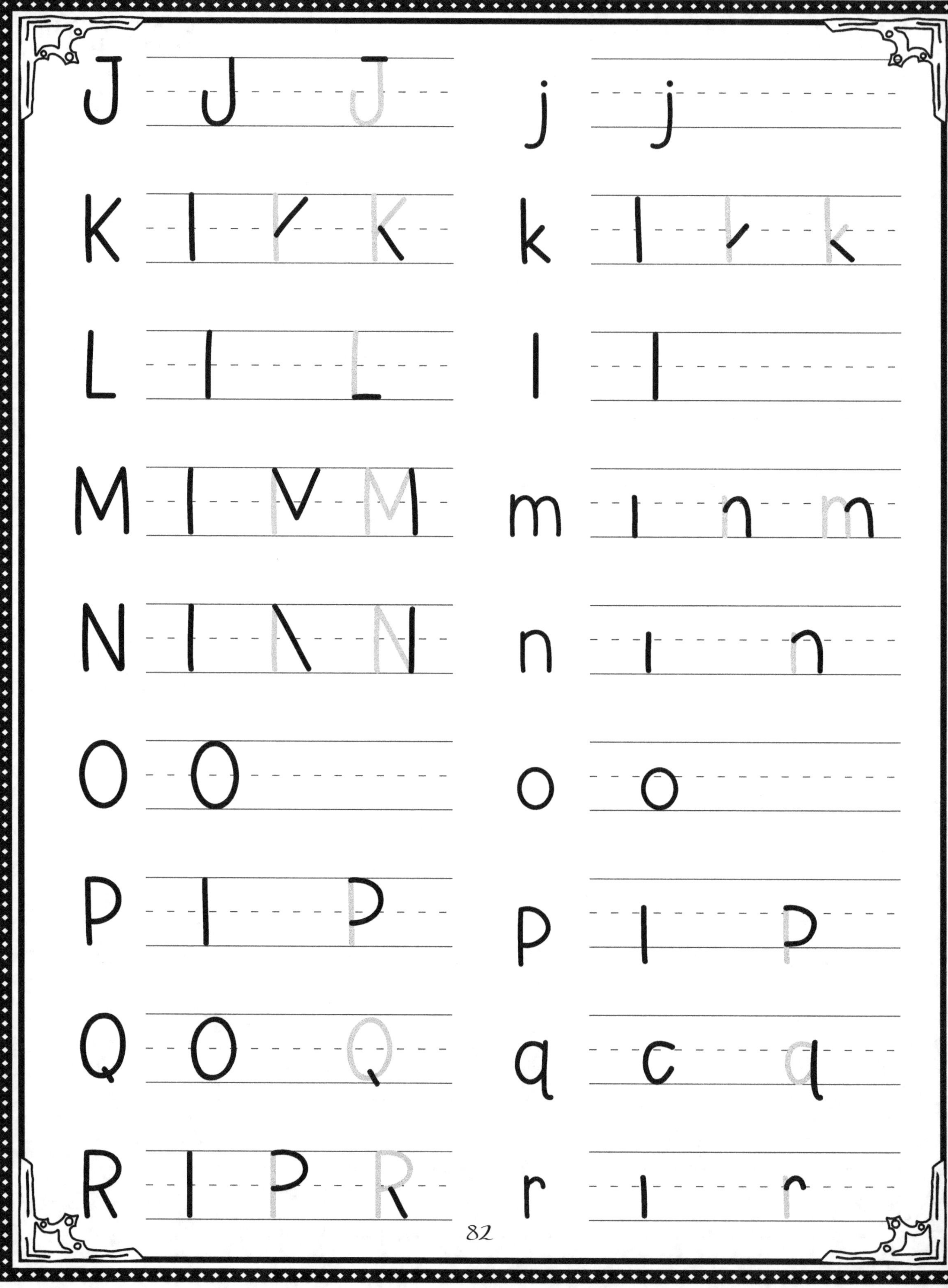

S S	s s
T T	t t
U U	u u
V V	v v
W W	w w
X X	x x
Y Y	y y
Z Z	z z

Ss Ss Ss

Tt Tt Tt

Uu Uu Uu

Vv Vv Vv

Ww Ww Ww

Xx Xx Xx

Yy Yy Yy

Zz Zz Zz

Entraînez-vous ici !

SÉRIF

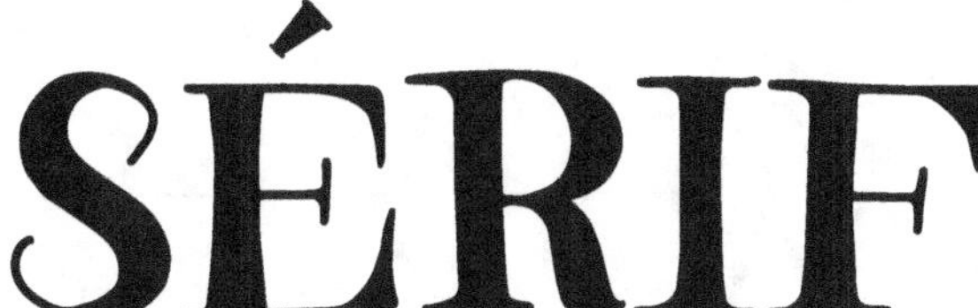

Le sérif est constitué des mêmes éléments de base que le sans-sérif, mais leur aspect peut être très différent. Avec le sérif, de petits traits se détachant de la lettre sont ajoutés pour un plus grand intérêt visuel. Le sérif ressemble normalement à une police de machine à écrire et est un peu plus difficile à réaliser que le sans-sérif.

Les outils les plus efficaces sont pratiquement les mêmes que pour le sans-sérif. Les stylos et les marqueurs sont excellents. Tout outil qui peut être utilisé avec précision est le meilleur, car il vous aidera à obtenir les bonnes tailles et consistances dans les traits supplémentaires.

Aa Bb Cc Dd Ee Ff
Gg Hh Ii Jj Kk Ll
Mm Nn Oo Pp Qq Rr
Ss Tt Uu Vv Ww Xx
Yy Zz

Pour dessiner en sérif, vous allez faire appel à de nombreuses compétences que vous avez déjà acquises. Assurez-vous d'avoir maîtrisé tout ce qui a été fait auparavant ! Voyons maintenant comment écrire l'alphabet en commençant par le a.

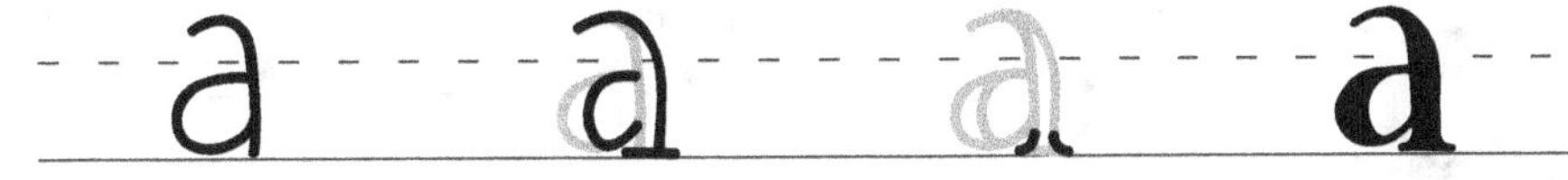

1. Commencez par écrire votre lettre dans une police sans-sérif. Restez simple et monoligne !

2. Donnez du poids à la ligne du bas et épaississez les traits descendants manuellement, comme dans la fausse calligraphie.

3. Des deux côtés du bas de la lettre, ajoutez les traits supplémentaires – les sérifs.

4. Remplissez la lettre. Vous avez maintenant un a avec sérif !

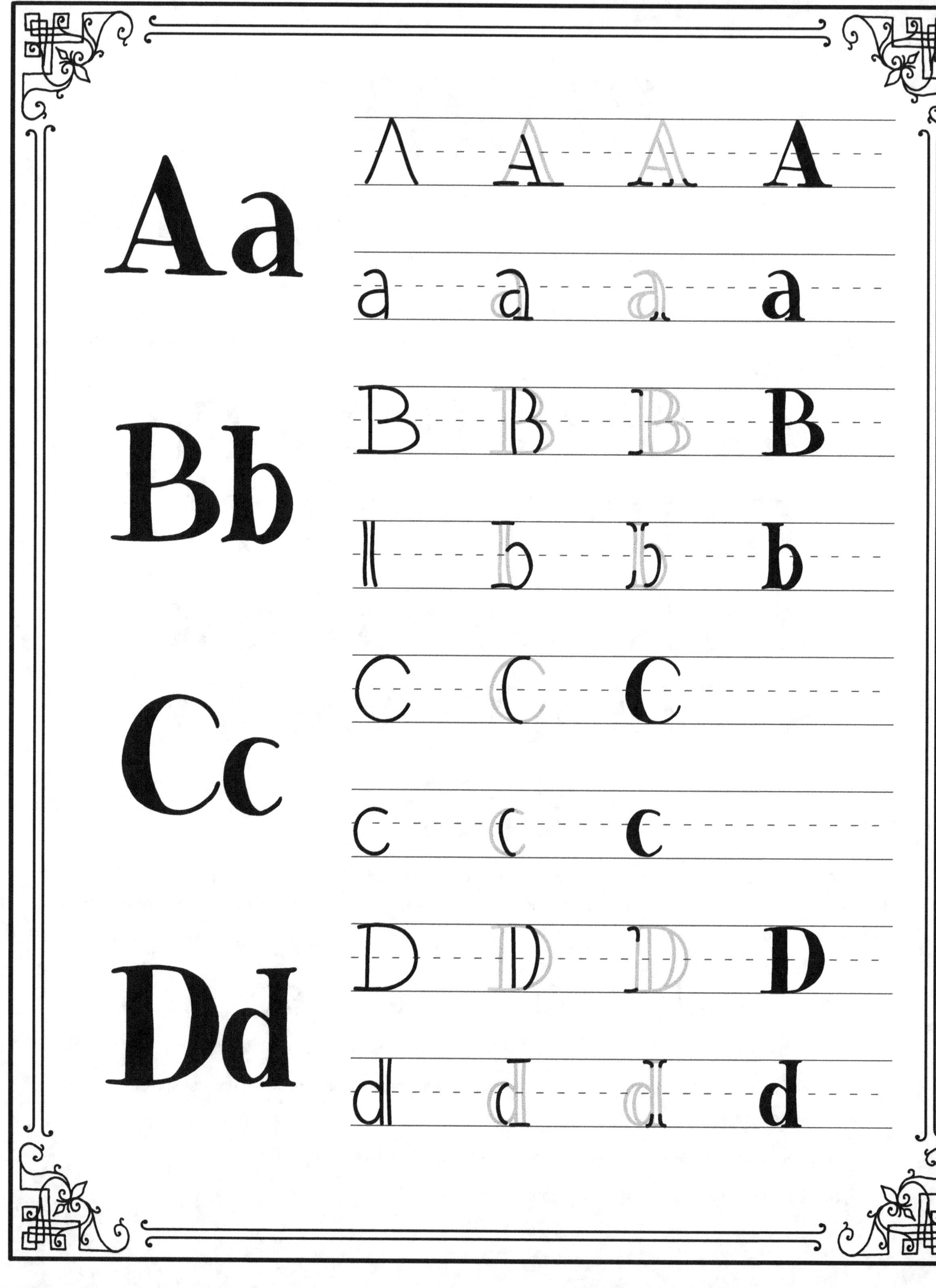

Ee

Ff

Gg

Hh

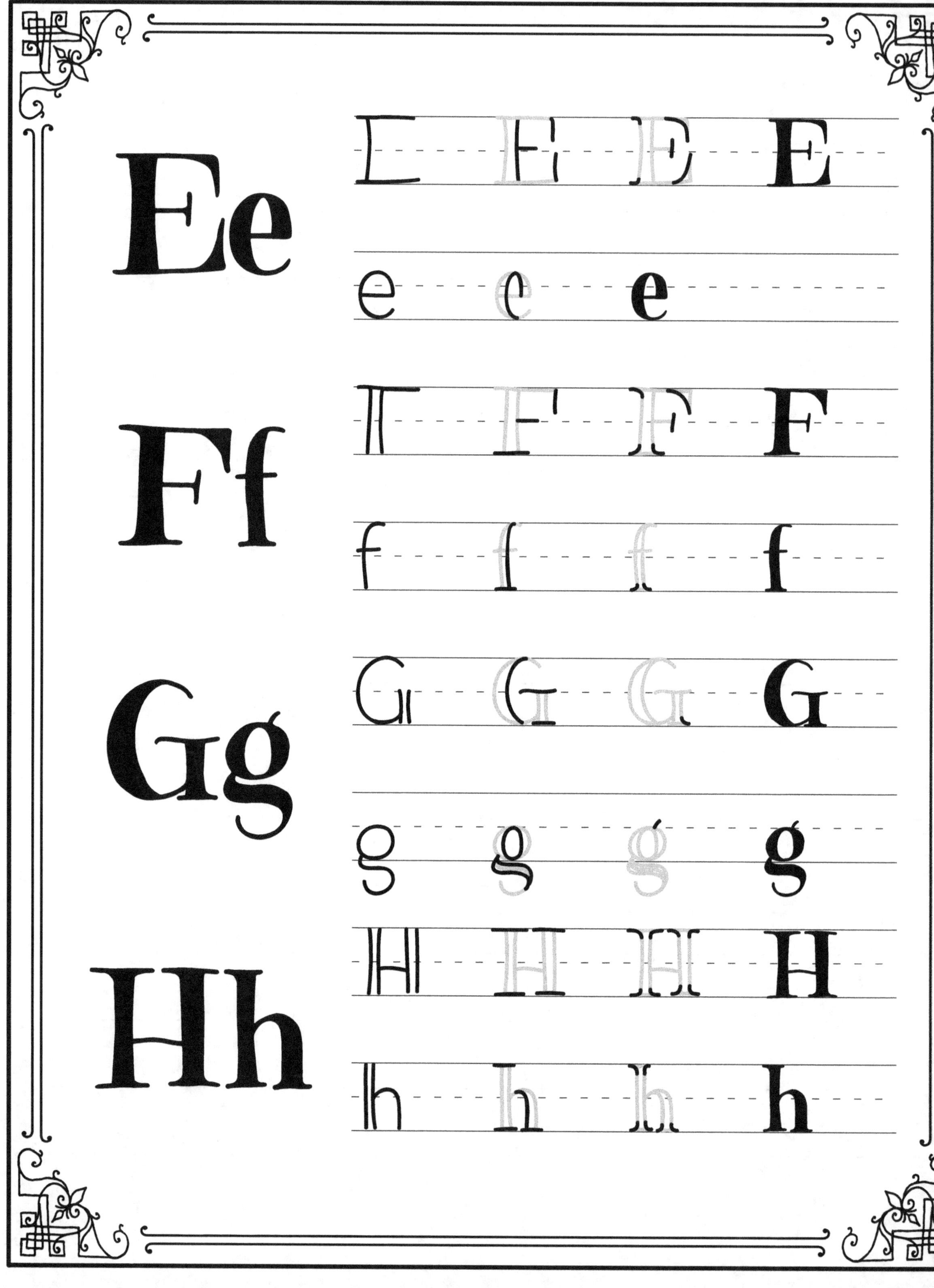

Ee Ee Ee Ee Ee Ee

Ee

Ff Ff Ff Ff Ff

Ff

Gg Gg Gg Gg Gg Gg Gg

Gg

Hh Hh Hh Hh Hh Hh Hh

Hh

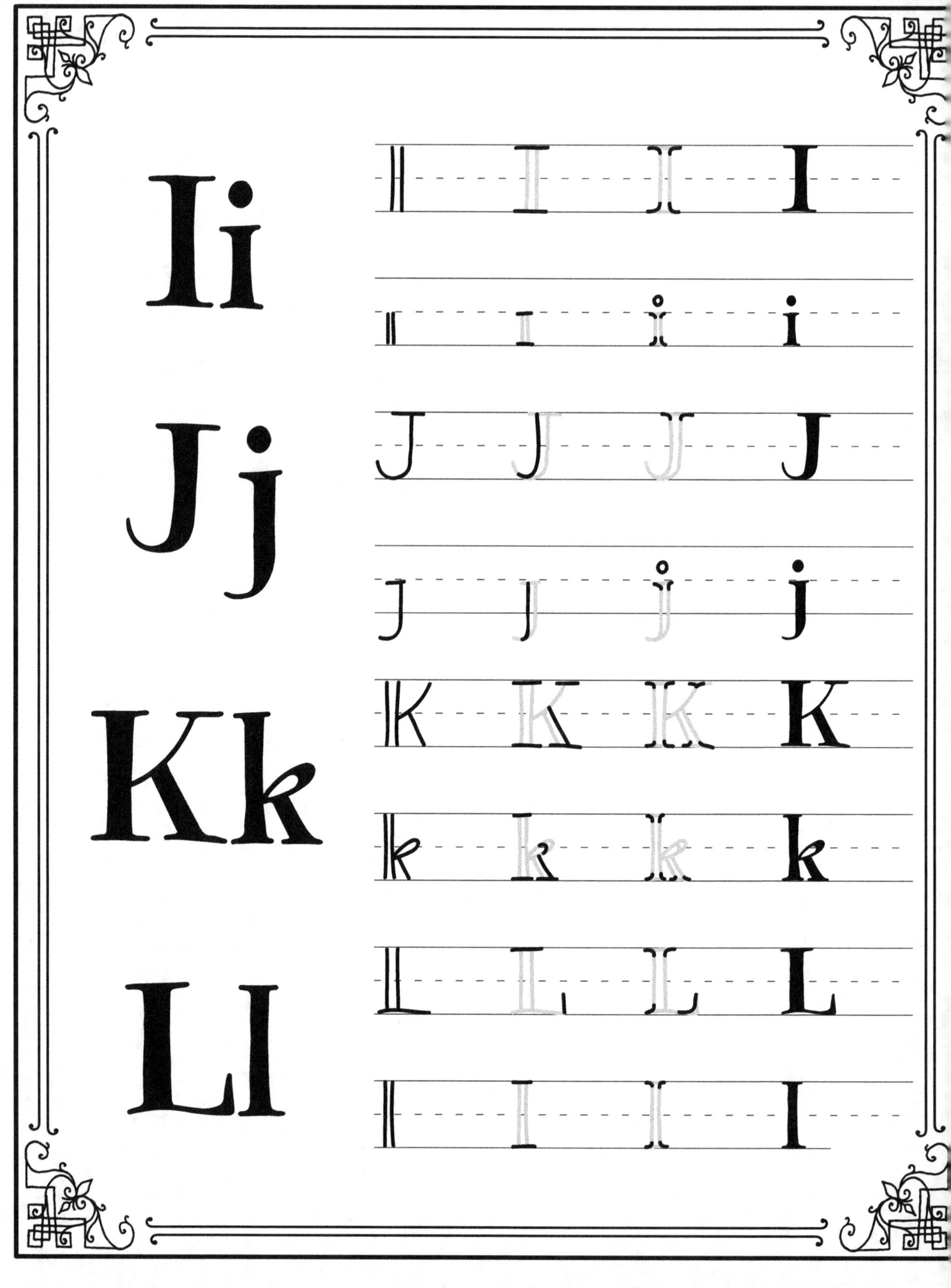

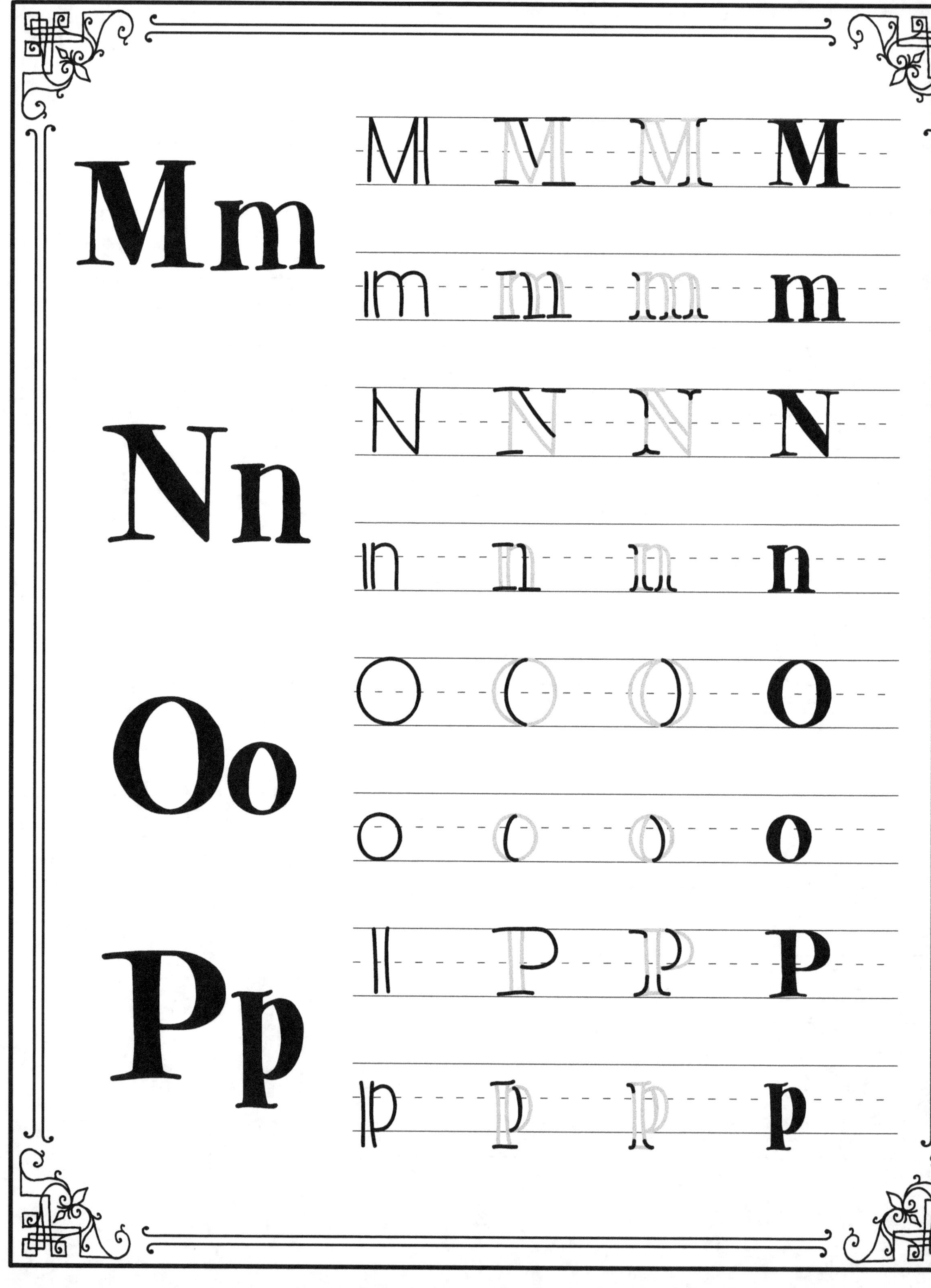

Mm Mm Mm Mm Mm

Mm

Nn Nn Nn Nn Nn Nn

Nn

Oo Oo Oo Oo Oo Oo Oo

Oo

Pp Pp Pp Pp Pp Pp

Pp

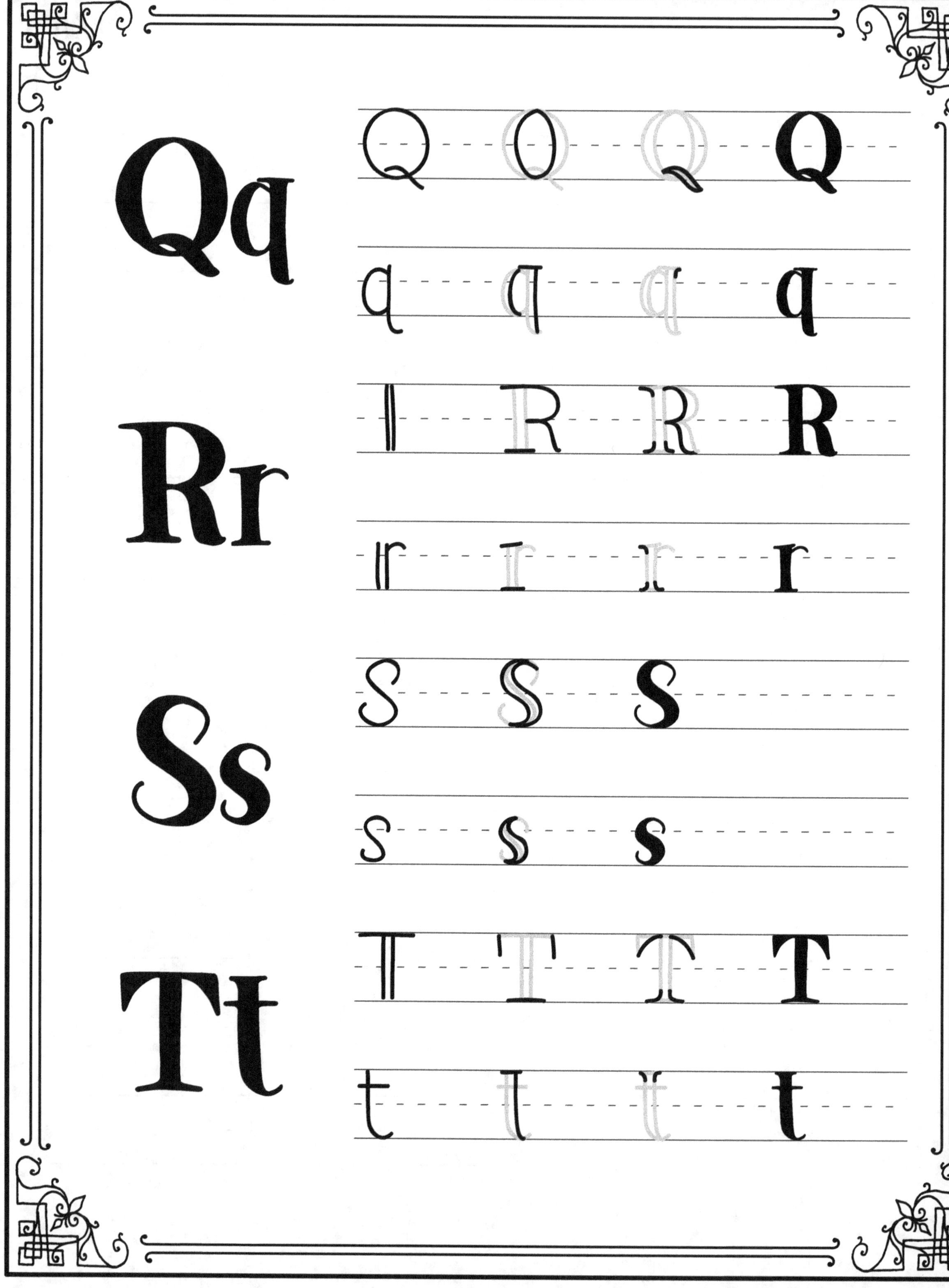

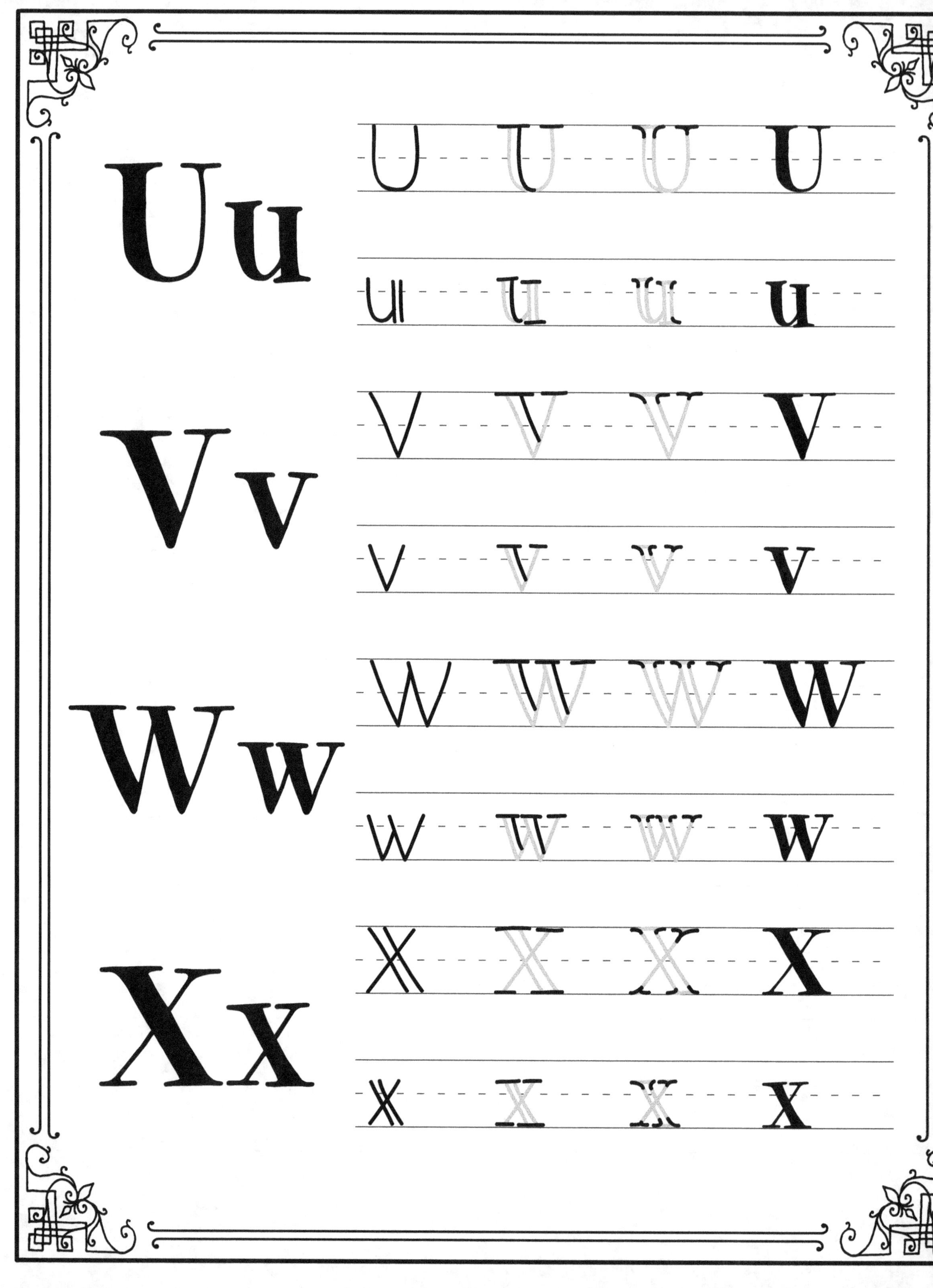

U u
V v
W w
X x

Uu Uu Uu Uu Uu Uu

Uu

Vv Vv Vv Vv Vv Vv

Vv

Ww Ww Ww Ww Ww Ww

Ww

Xx Xx Xx Xx Xx Xx

Xx

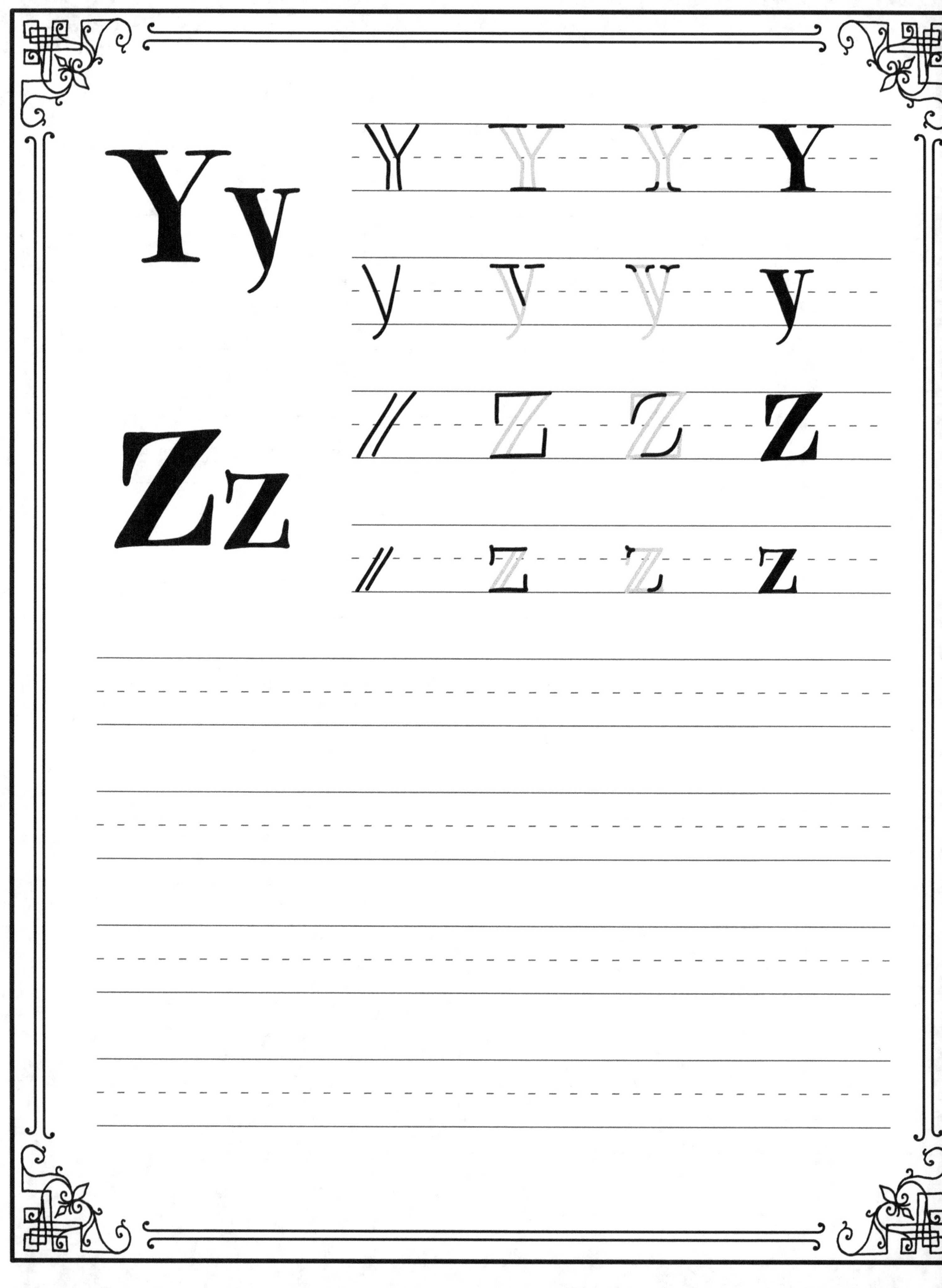

Yy

Zz

Le sérif est une police hautement personnalisable, et il existe de nombreuses façons de la rendre unique. Voici quelques façons de varier la police !

Ajouter des boucles

Aa Bb Cc Dd

Utiliser des lignes

Ee Ff Gg Hh

Dessiner un contour

Ii Jj Kk Ll

Ajouter des points

Mm Nn Oo Pp

Composition

La composition est la combinaison de lettrage à la main avec d'autres éléments pour obtenir un dessin complet. Elle implique beaucoup de planification et de précision. Une règle et un crayon sont donc de bons outils à garder à portée de main ! Les embellissements, les blocs et les styles de lettrage ont tous un rôle à jouer.

Composer ses propres motifs de lettrage à la main peut sembler difficile pour un débutant, mais ne vous inquiétez pas ! Il n'y a pas de règles strictes, et l'expérimentation est vivement encouragée. Cependant, il y a quelques lignes directrices qui peuvent vous aider à faire de votre pièce la meilleure possible ! Cette section vous guidera à travers ces directives.

Combinaison de styles de lettrage

Lors de la conception d'un projet, vous utiliserez souvent plusieurs styles de lettrage à la main différents afin de créer plus d'intérêt. Il n'existe pas de règles strictes en la matière, mais certains éléments peuvent vous faciliter la tâche.

Cela peut être difficile au début, mais, au fur et à mesure que vous vous exercez, cela deviendra beaucoup plus facile. Respectez la règle générale au début – pas plus de trois styles dans un même dessin – mais, au fur et à mesure que vous gagnez en expérience, n'hésitez pas à ignorer cette règle !

Lorsque vous choisissez un style, suivez votre intuition ! Combinez ce qui vous semble bien.

- Essayez de combiner des styles opposés, comme la fausse calligraphie et les sérifs.
- Essayez différentes variétés de lettrage, en ajoutant des boucles, des fioritures, etc.
- Restez fidèle à un thème général au début, tel que moderne, décontracté, élégant, romantique, etc. Mais, à mesure que vous gagnez en expérience, vous pouvez essayer de les mélanger !

Comment créer un dessin de lettrage à la main ?

Lorsque vous commencez un dessin, utilisez un crayon pour expérimenter. Choisissez les mots-clés et dessinez-les de différentes manières, de différentes tailles, avec différents embellissements, et plus encore ! Il s'agit d'expérimenter. Changez autant que vous voulez ; il n'y a pas de bonne ou de mauvaise méthode !

Le bloc fait partie de la composition et sera abordé plus tard. Le bloc a pour but d'aider à mettre tout en place de manière équilibrée et satisfaisante. Vous prendrez un crayon et travaillerez toutes les imperfections de votre dessin avant de le dessiner avec des outils plus permanents.

Ensuite, nous allons nous intéresser aux embellissements. Ce sont des moyens faciles de rendre votre dessin encore plus beau ! Ils sont également parfaits pour remplir l'espace et ajouter de l'équilibre.

Embellissements

Jetons un coup d'œil aux embellissements. Ceux qui sont présentés ici ne sont en aucun cas les seuls embellissements, mais ils constituent un bon point de départ !

Éléments floraux

Commençons par les éléments floraux! Pour vous faciliter la tâche, nous les avons décomposés en trois étapes faciles.

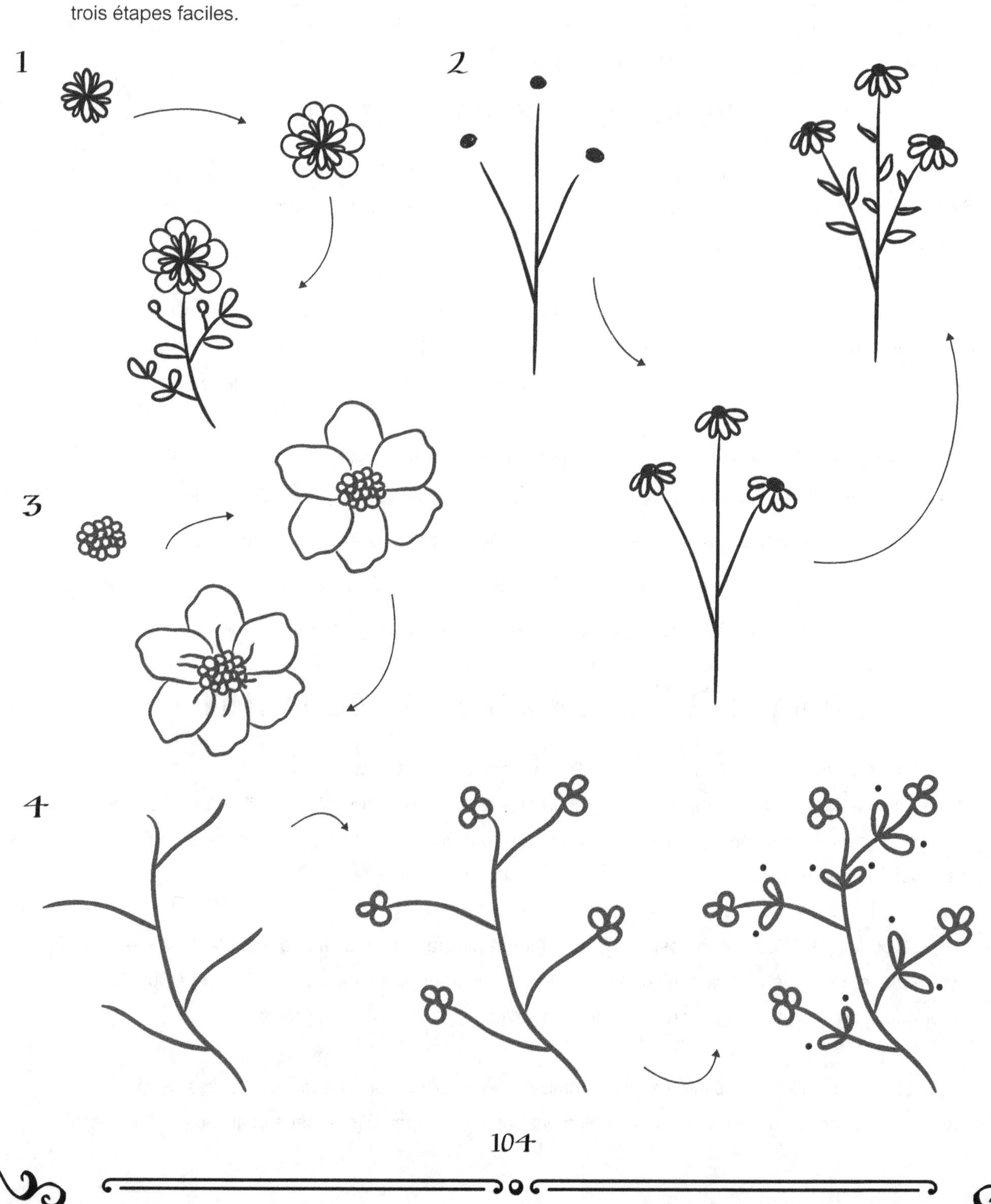

Vous avez besoin de plus d'inspiration ? Voici quelques dessins d'inspiration florale pour vous aider à démarrer. Vous pouvez utiliser le principe des trois étapes pour vous aider : il suffit d'observer ce que vous aimeriez dessiner et de le décomposer en quelques étapes plus faciles.

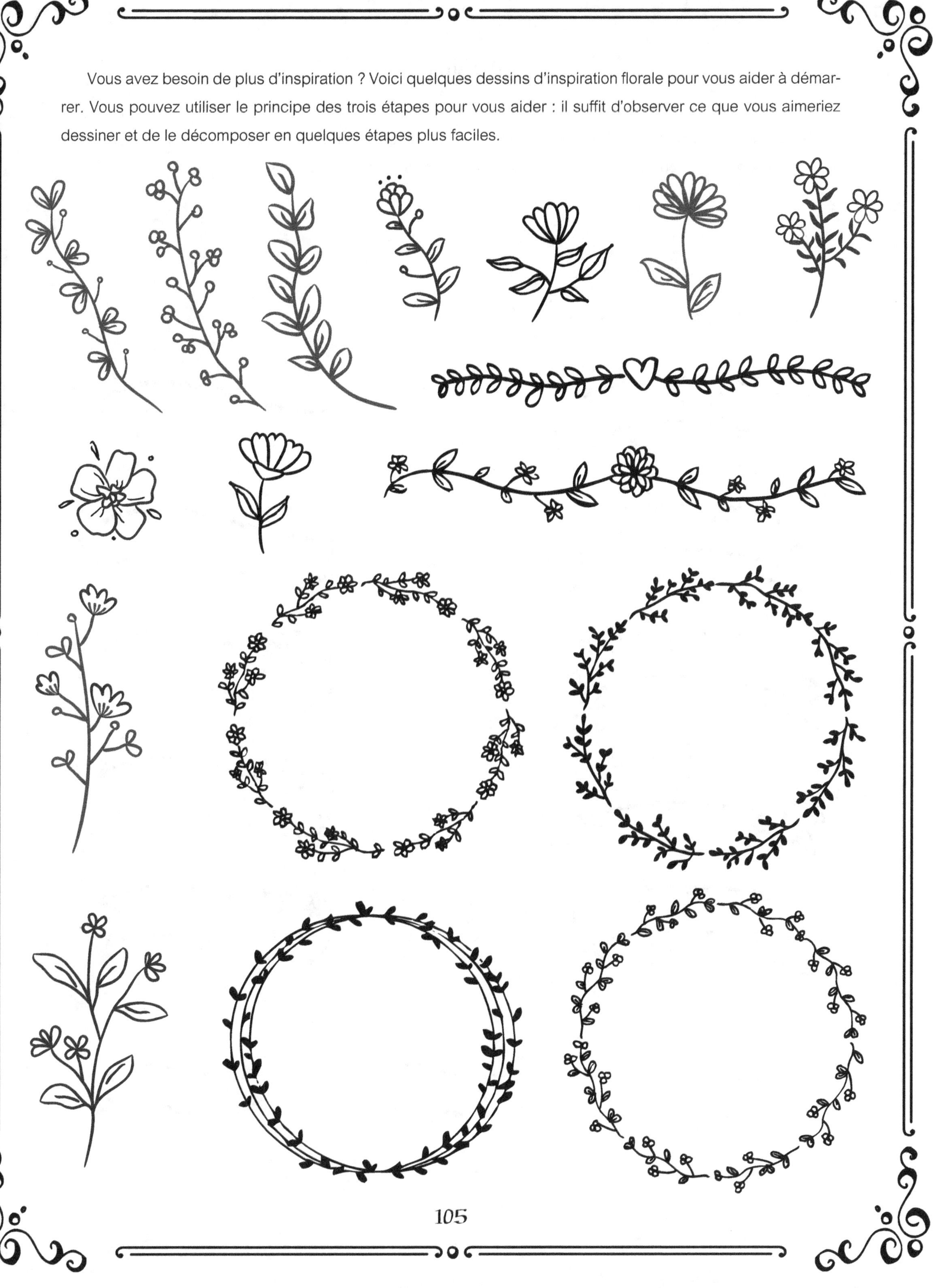

BANNIÈRES

Les bannières sont un autre embellissement utile! Elles sont parfaites pour dessiner autour des mots que vous voulez mettre en valeur ou pour créer une bordure pour votre dessin.

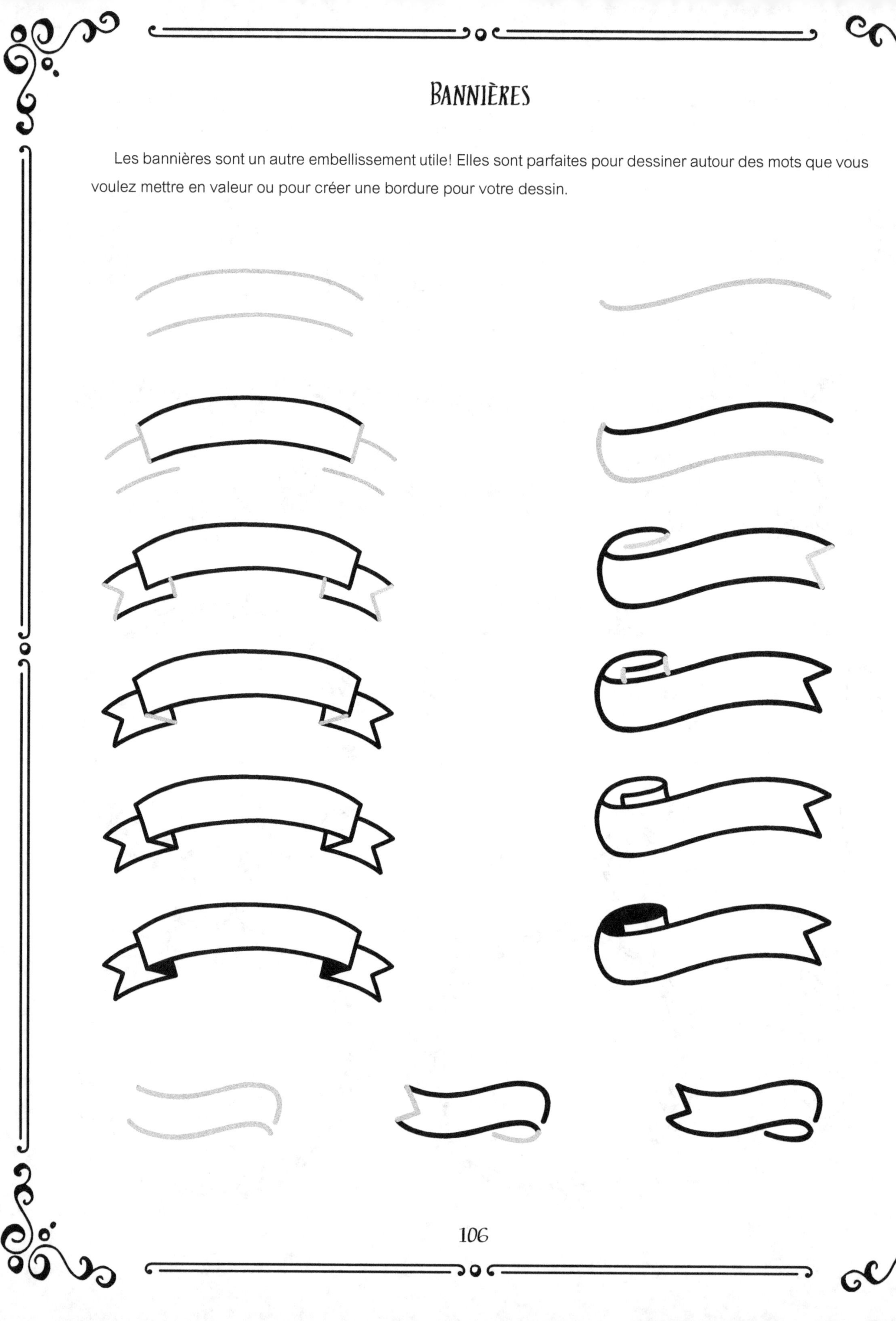

Vous pouvez également ajouter différents détails à votre bannière !

- Dessinez une bannière de base.

- Ajoutez quelques lignes d'ombrage. Gardez-les épaisses aux extrémités et légères dans la bannière elle-même. Veillez à n'ajouter des lignes que sur les bords de la bannière, en laissant le milieu de la bannière vide pour les lettres !

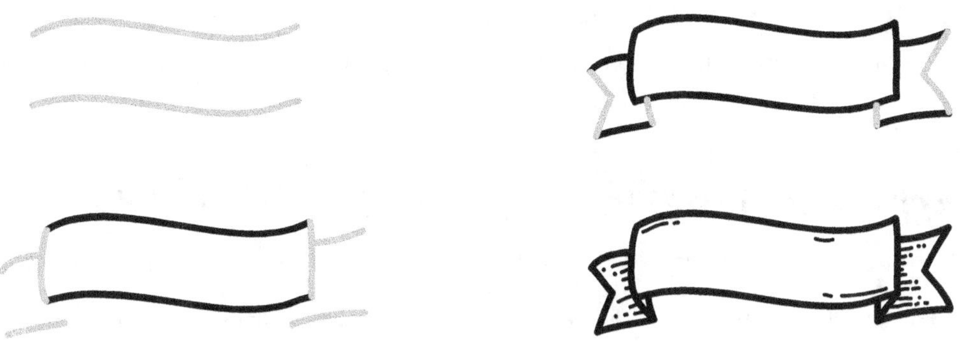

Séparateurs

Les séparateurs sont un autre outil utile. Ils sont utilisés dans les dessins pour séparer les mots ou comme bordures. Voici quelques exemples, mais, comme toujours, n'hésitez pas à inventer les vôtres !

Autres tourbillons et ornements

Des tourbillons ou des ornements supplémentaires sont parfaits pour remplir l'espace dans les dessins ou équilibrer votre composition. En voici quelques-uns !

BLOC

Maintenant que vous avez appris tous les aspects du lettrage à la main, il est temps d'assembler le tout ! C'est là que le bloc entre en jeu.

1 Tout d'abord, prenez la phrase que vous voulez écrire et trouvez les mots importants. Essayez de trouver les mots qui sont particulièrement significatifs pour la phrase, car ce sont ceux qui seront mis en évidence.

Happiness is not a destination, it's a way of life

(Happiness is not a destination, it's a way of life - Le bonheur n'est pas un but, c'est un état d'esprit.)

2 Créez quelques compositions différentes en disposant les citations sous des formes telles que des arcs, des ponts ou des triangles. Il existe de nombreuses autres formes avec lesquelles vous pouvez vous amuser ! Jetez un coup d'œil aux formes ci-dessous pour avoir quelques idées. Vous pouvez essayer autant ou aussi peu de possibilités que vous le souhaitez. Ne vous préoccupez pas d'obtenir un résultat joli ou uniforme : il s'agit simplement de mettre des idées sur papier !

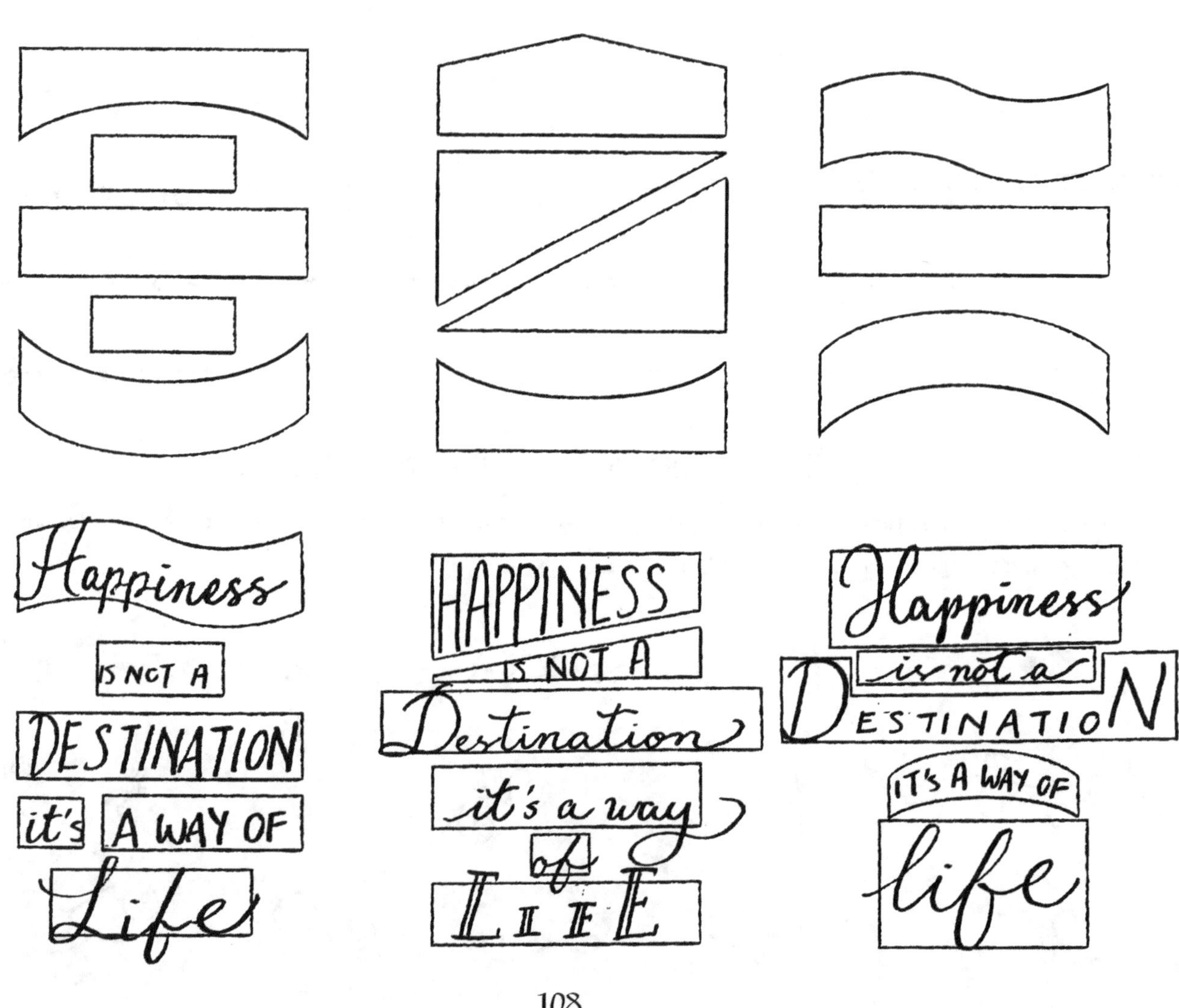

3 Une fois que vous avez esquissé quelques idées, choisissez votre préférée. Utilisez un crayon, une règle et une nouvelle feuille de papier pour la redessiner, en veillant à ce que tout soit cohérent et régulier. Ajoutez toutes les lignes directrices que vous souhaitez – une ligne directrice centrale est particulièrement utile si vous centrez des lettres. Si vous alignez à droite ou à gauche, ajoutez des lignes directrices pour cela.

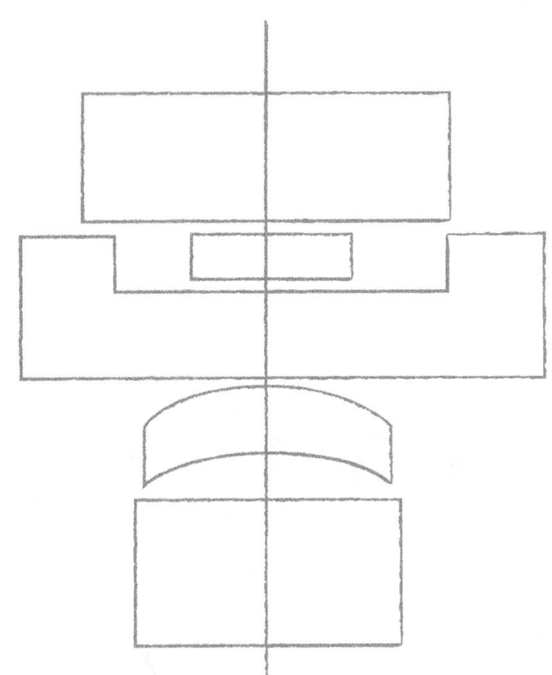

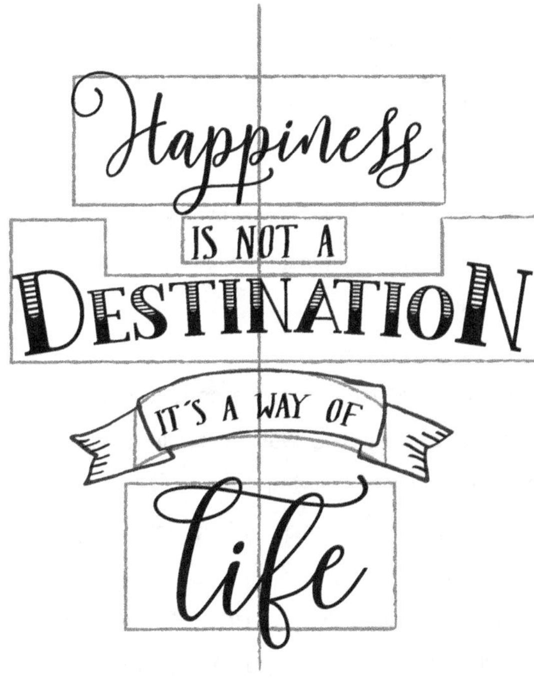

4 Inscrivez la citation dans les blocs respectifs en utilisant votre style de lettrage préféré. Vous devriez également commencer par dessiner au crayon, car vous pourriez vouloir apporter des modifications jusqu'à ce que vous ayez trouvé le dessin parfait !

5 Ajoutez les embellissements ou les fioritures que vous souhaitez et terminez le tout avec votre outil final. Effacez les lignes directrices ou les marques de crayon encore visibles. Maintenant, célébrez ! Vous avez un dessin complet !

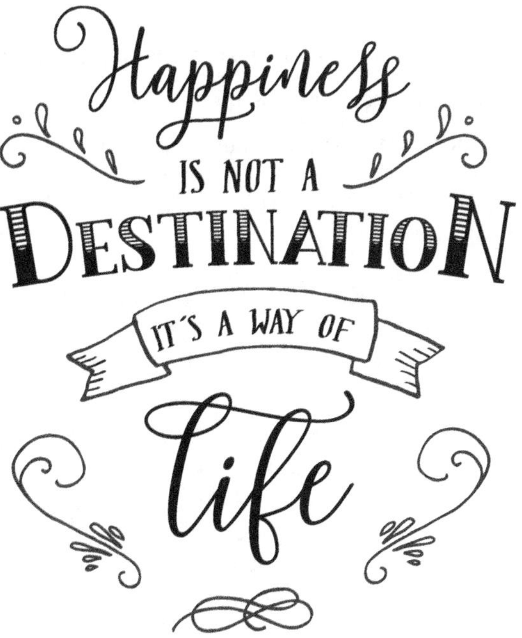

Défi de lettrage à la main de 12 jours !

Pour apprendre le lettrage à la main, il est important de s'entraîner. Il peut être difficile de continuer et de trouver ses propres idées, c'est pourquoi cette section est là pour vous aider à vous familiariser encore plus avec tous les aspects du lettrage à la main.

Bien qu'il s'agisse d'un défi quotidien, il est compréhensible que la vie se mette parfois en travers de votre chemin. Si cela se produit, ménagez-vous ! Il n'est pas nécessaire de réaliser tout le dessin en une journée, mais il faut au moins s'entraîner à en faire des parties ou à écrire la citation dans un style de lettrage particulier. Le plus important est de prendre l'habitude de s'exercer quotidiennement !

Chaque citation sera accompagnée d'un dessin complet, d'un guide de traçage et d'un espace pour la dessiner vous-même. Certains des dessins les plus difficiles comportent également une zone de traçage et d'entraînement supplémentaire !

Jour 1 : Ne perdez jamais espoir

C'est une bonne façon de commencer ! Ne perdez pas espoir en vous exerçant : vous vous améliorez chaque fois que vous mettez la plume sur le papier!

Cette citation sera faite dans un style de fausse calligraphie, donc un stylo rigide ou un marqueur sera le mieux. Si vous vous sentez très sûr de vous, vous pouvez utiliser un feutre pinceau!

Pour le lettrage à la main, il sera plus facile de dessiner les mots-clés en premier, « never » (jamais) et « hope (espoir) ».

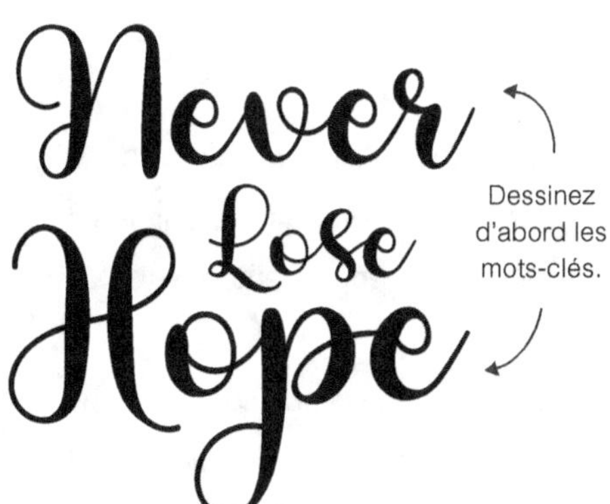

Tracez le dessin ici

Entraînez-vous à nouveau ici!

Jour 2 : Mesurez votre chance

La citation d'aujourd'hui sera réalisée en brush lettering. Avec ce dessin, remarquez les variations sur les lettres Count your Blessings. Il y a un traçage et un entraînement supplémentaires pour ces différences!

Cependant, si vous voulez changer, expérimentez! Choisissez un mot-clé différent et essayez quelques variations pour vous approprier le dessin.

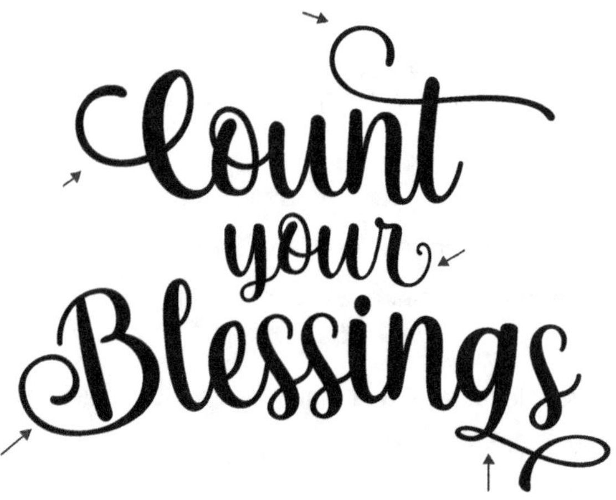

Tenez compte de la variation vers laquelle pointent les flèches !

Entraînez-vous à nouveau ici !

Jour 3 : L'amour ne périt jamais

Aujourd'hui, nous allons utiliser deux styles : le sérif et la fausse calligraphie ! Utilisez un bon stylo ou un marqueur, et ayez une règle à proximité pour tracer des lignes directrices. Remarquez que la police avec sérif présente une légère variation, ajoutant des boucles à certaines parties de la lettre. Ce dessin comporte des ornements et des tourbillons, mais vous pouvez ajouter tous les embellissements que vous souhaitez !

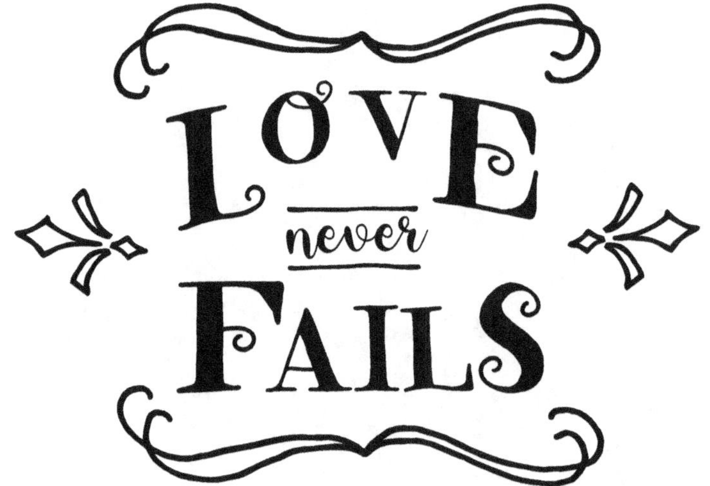

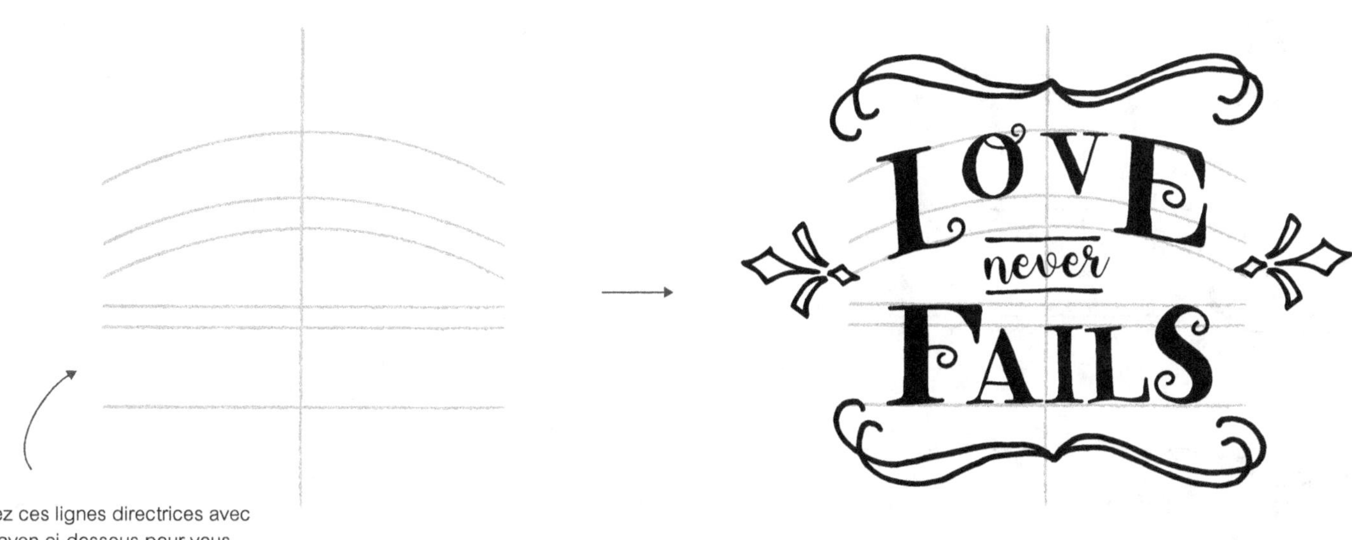

Dessinez ces lignes directrices avec un crayon ci-dessous pour vous aider dans votre conception !

ENTRAÎNEZ-VOUS À NOUVEAU ICI !

Jour 4 : Ayez bon cœur

Le style du jour est la monoligne ! Utilisez un stylo ou un marqueur qui vous permet d'obtenir une ligne régulière.

Le dessin est assez simple, mais les fioritures supplémentaires peuvent être difficiles à réaliser. Continuez à vous entraîner, et vous y arriverez en un rien de temps !

TRACEZ LE DESSIN ICI

ENTRAÎNEZ-VOUS À NOUVEAU ICI !

Jour 5 : Visez le progrès, pas la perfection

Voici un merveilleux rappel ! Ce dessin combine des lettres sans-sérif et le brush lettering. Vous aurez donc besoin de bons outils de dessin comme un stylo et un feutre pinceau. La journée d'aujourd'hui comprend également une bannière, alors prenez le temps de vous entraîner avec ce dessin.

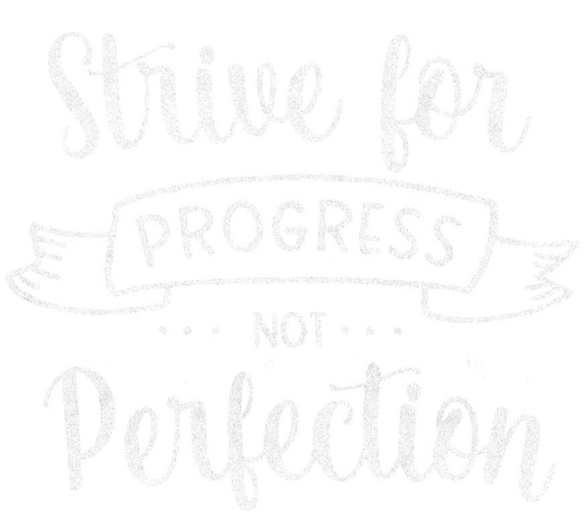

Tracez le dessin ici

Entraînez-vous à nouveau ici !

Jour 6 : Soyez courageux et aimable

Vous avez fait la moitié du chemin ! Le dessin d'aujourd'hui peut être fait en fausse calligraphie ou en brush lettering, selon ce que vous voulez faire ! Si vous souhaitez pratiquer les deux, placez du papier calque sur le dessus des pages et pratiquez deux fois !

Comme toujours, utilisez un stylo ou un marqueur pour la fausse calligraphie et un feutre pinceau pour le brush lettering. Lorsque vous écrivez cette citation, dessinez d'abord les mots-clés « courage » et « gentillesse », puis écrivez tout le reste autour d'eux.

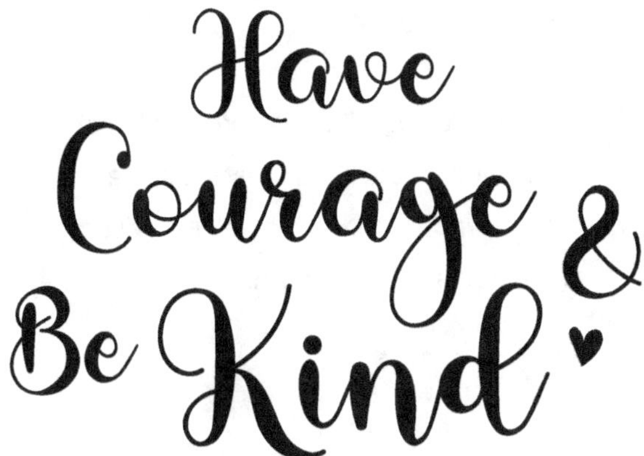

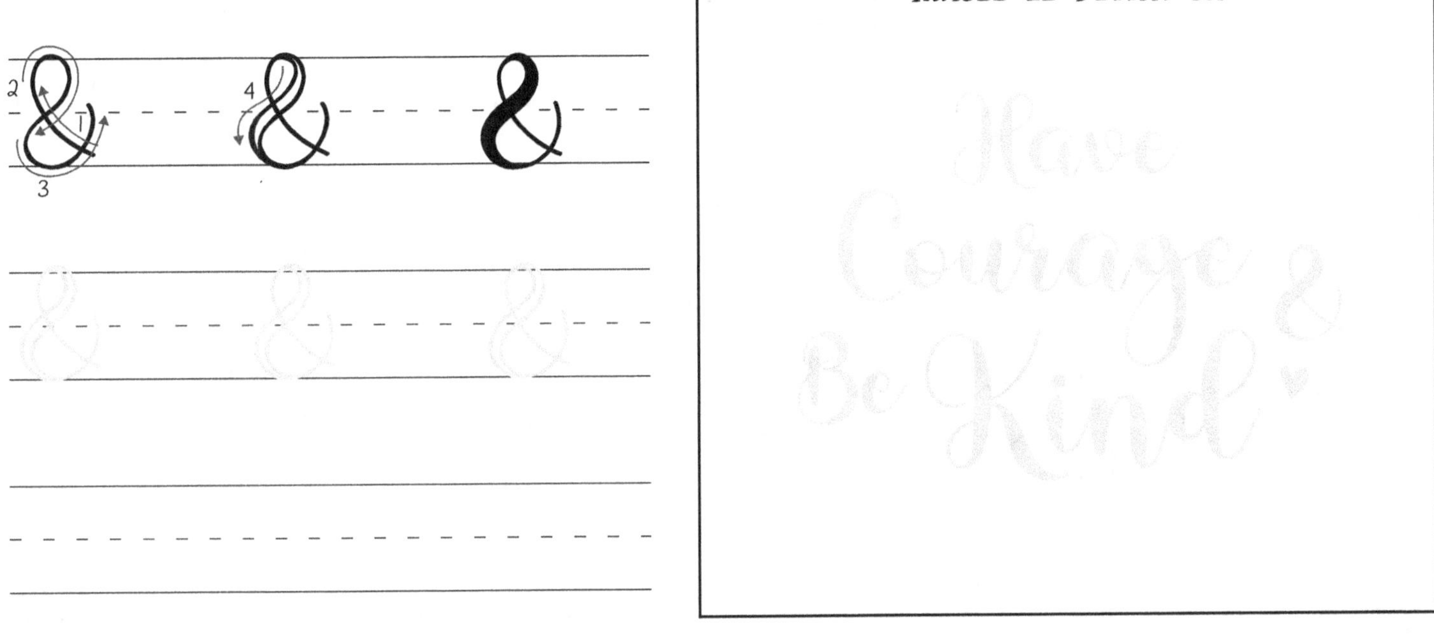

Entraînez-vous à nouveau ici !

Jour 7 : Le bonheur est fait maison

La citation d'aujourd'hui est principalement réalisée en brush lettering avec un petit bout dessiné en sans-sérif. Un outil précis serait utile pour la bannière d'embellissement! Remarquez la variation des lettres dans Happiness Is Homemade.

Happiness Is Homemade

Tenez compte de la variation vers laquelle pointent les flèches !

Tracez le dessin ici

Entraînez-vous à nouveau ici!

Jour 8 : Les étoiles ne peuvent pas briller sans obscurité

Aujourd'hui, vous ferez des lettres en sérif et de la fausse calligraphie ou du brush lettering – c'est vous qui voyez. Utilisez des stylos des marqueurs pour le lettrage sérif et la fausse calligraphie, et un feutre pinceau si vous voulez écrire au feutre pinceau. Ce modèle mande un peu plus de temps, mais le jeu en vaut la chandelle ! Prenez votre temps et n'oubliez pas de vous amuser.

Entraînez-vous à nouveau ici !

Tracez le dessin ici

Jour 9 : Appréciez les petites choses

Vous êtes dans la dernière ligne droite du défi ! Ce design est principalement réalisé en fausse calligraphie ou en brush lettering, avec un petit mot en sans-sérif. Choisissez le style que vous voulez et utilisez les outils appropriés. Des tourbillons et des feuilles ont été utilisés pour embellir ce motif, mais n'hésitez pas à utiliser ce que vous voulez pour le pimenter !

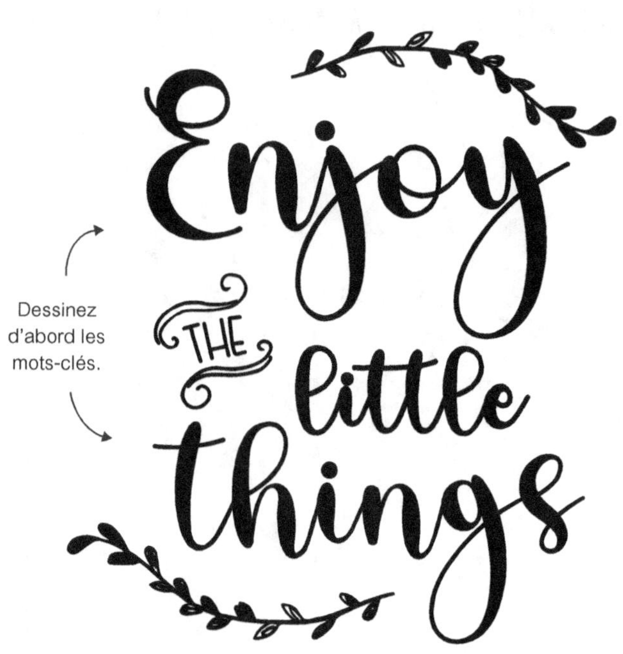

Dessinez d'abord les mots-clés.

Entraînez-vous à nouveau ici !

Tracez le dessin ici

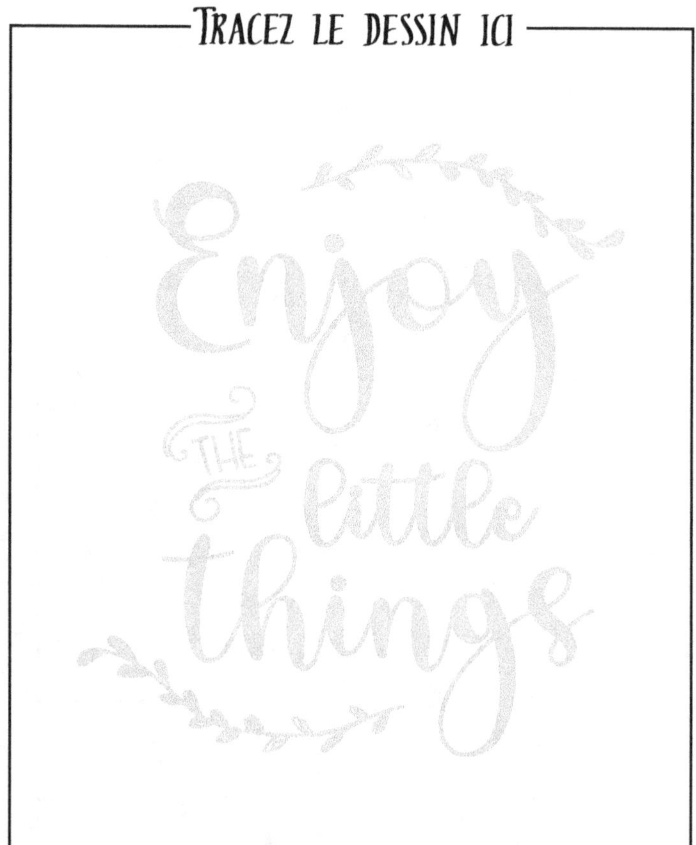

Jour 10 : Écoutez votre cœur

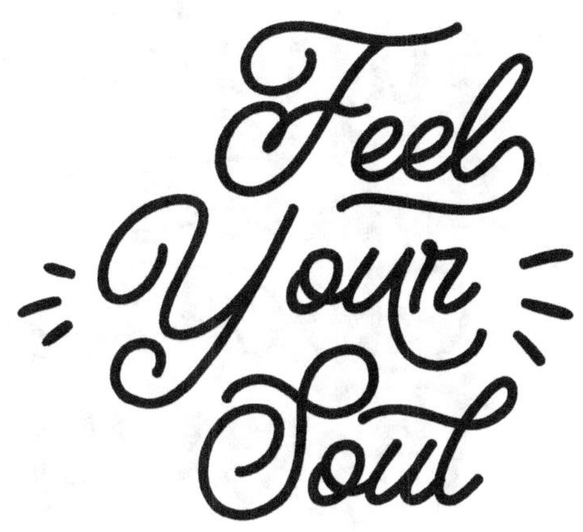

La monoligne est le style du jour ! Utilisez un stylo ou un marqueur qui crée des lignes nettes. La citation d'aujourd'hui est assez simple, mais faites attention aux variations plus difficiles des lettres Feel Your Soul.

Tracez le dessin ici

Entraînez-vous à nouveau ici !

Jour 11 : Le rire est la meilleure thérapie

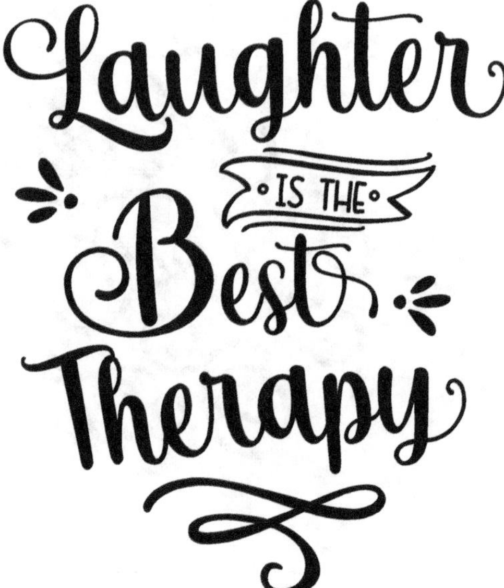

La citation d'aujourd'hui combine les styles de lettrage sans-sérif et du brush lettering. Utilisez les outils appropriés pour chacun. Ne vous précipitez pas sur ce dessin ; il comporte de nombreuses parties ! Remarquez la bannière, les fioritures et les variations de lettres dans Laughter is the Best Therapy.

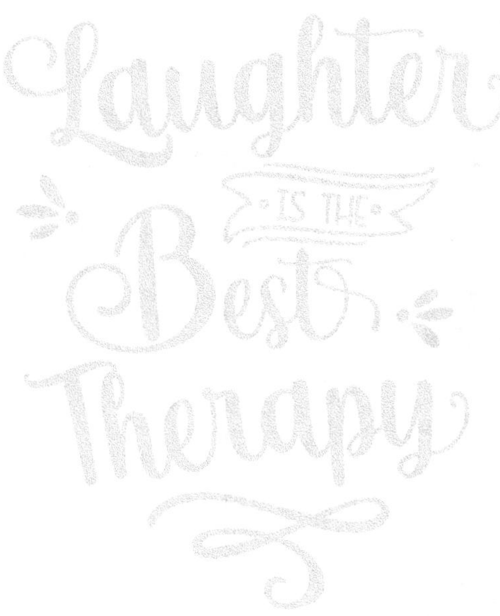

Entraînez-vous à nouveau ici !

Jour 12 : Rêver sans peur

Félicitations, vous avez atteint le dernier jour ! Encore une citation, et vous serez sur la bonne voie pour créer vos propres designs.

Les styles pour ce dessin sont le brush lettering et le sans-sérif. Pour ce modèle, le plus facile est de dessiner les lignes décoratives autour du mot « without » (sans) et d'ajouter tout le reste autour. Ajoutez les embellissements de votre choix à la fin !

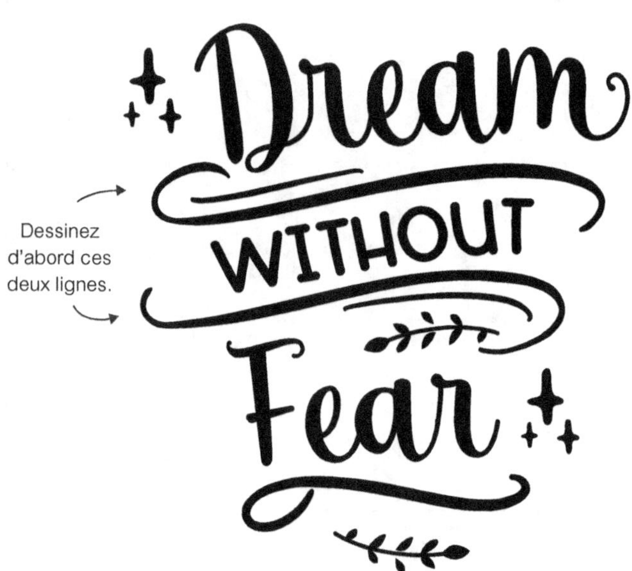

Dessinez d'abord ces deux lignes.

Bonus : Citations supplémentaires pour la pratique

Félicitations pour avoir été si loin dans votre voyage de lettrage à main ! Avec un peu d'entraînement supplémentaire, vous êtes sur la bonne voie pour devenir un pro de l'écriture. Voici d'autres citations à essayer pendant votre temps d'entraînement !

Inspirant/Motivant

Après chaque tempête, il y a un arc-en-ciel.

La vie est une plage, profitez des vagues.

Je vois la magie en toi.

Les bonnes choses prennent du temps.

J'envoie un petit rayon de soleil.

La vie est dure, mais tu es fort.

Soyez la raison pour laquelle quelqu'un sourit aujourd'hui.

Lancez la gentillesse comme des confettis.

Donne-toi la permission de te reposer.

Garde l'amour dans ton cœur.

Tu es capable de choses étonnantes.

Amitié

Les amis montrent leur amour dans les moments difficiles, pas dans les moments de bonheur.

Un ami est ce dont le cœur a besoin en permanence.

Les vrais amis sont toujours ensemble dans l'esprit.

Un ami aime à tout moment.

Les meilleurs amis jusqu'à la fin.

Peu importe quand, peu importe où, je serai toujours là.

Anniversaire

Que votre journée soit aussi merveilleuse que vous.

À une autre année pour vous.

Aujourd'hui est mon jour préféré de l'année.

Drôle

Toujours en retard mais ça vaut le coup d'attendre.

Donnez-moi du café et personne ne sera blessé.

Les amis t'achètent à manger. Les meilleurs amis mangent ta nourriture.

Les mauvaises idées font les meilleures histoires.

Réveille-moi quand il y a du café.

La sieste est mon cardio.

Si seulement la pizza était un aliment sain.

Mariage

Soyez notre invité.

Et ainsi, notre aventure commence.

Né pour l'aimer.

Ça a toujours été toi.

On a décidé que ce serait pour toujours.

Pour toujours et à jamais.

Noël

L'amour nous tiendra chaud.

Père Noël, s'il vous plaît, arrêtez-vous ici.

Joie dans le monde.

Tout ce dont nous avons besoin est l'amour et l'esprit de Noël.

Qu'il neige.

On n'a jamais trop de biscuits de Noël.